Gerda Leuthardt und Johanna Berking

# *Eddy und Herr Neumann*

## Ein Schwetzinger Schlossgartenführer für Kinder und Erwachsene

12
13
14
11
15
16
9
8
7
10
5
6
2
3
4
1
Schloss

1. Haupteingang Schlossgarten
2. Südlicher Zirkelbau
3. Nördlicher Zirkelbau
4. Rokokotheater
5. Orangerie
6. Arion-Brunnen
7. Hirschgruppe
8. Zick-Zack-Bad
9. Pan
10. Galathea
11. Moschee
12. Merkur-Tempel
13. Danubius und Rhenus
14. Lügenbrücke
15. Apollo-Tempel
16. Badhaus
17. Wasserspeiende Vögel
18. Das Ende der Welt
19. Arboretum
20. Römisches Wasserkastell

# Impressum

Titelbildnachweis: Begegnung im Schlosspark (Johanna Berking)

Titel: Eddy und Herr Neumann
Autorin: Gerda Leuthardt
Illustratorin: Johanna Berking
Fotos und Idee: Theo Kyrberg

Herstellung: verlag regionalkultur (vr)
Satz: Harald Funke (vr)
Endkorrektorat: Felix Maier (vr)

ISBN 978-3-89735-884-3

Bibliografische Information der Deutschen Bibliothek
Die Deutsche Bibliothek verzeichnet diese Publikation in der Deutschen Nationalbibliografie; detaillierte bibliografische Daten sind im Internet über http://dnb.ddb.de abrufbar.

Diese Publikation ist auf alterungsbeständigem und säurefreiem Papier (TCF nach ISO 9706) gedruckt entsprechend den Frankfurter Forderungen.



**verlag regionalkultur**
Ubstadt-Weiher • Heidelberg • Neustadt a.d.W. • Basel

*Korrespondenzadresse:*
Bahnhofstraße 2 • D-76698 Ubstadt-Weiher
*Tel.* 07251 36703-0 • *Fax* 07251 36703-29
*E-Mail* kontakt@verlag-regionalkultur.de
*Internet* www.verlag-regionalkultur.de

In diesem Büchlein wird eine einmalige Geschichte über eine langjährige außergewöhnliche Freundschaft zwischen zwei ungleichen Erdenbürgern erzählt. Nicht etwa von Zweien wie du und ich. Nein, sondern Eddy heißt der eine und Herr Neumann der andere. Der erste ist ein Gänserich, der zweite ein Mensch, der Herr Neumann, ein liebenswerter und rüstiger Rentner. Und nun lese und staune: Über 90 Jahre alt ist dieser stattliche und würdige Berliner, der glücklich und zufrieden in dieser freundlichen Stadt Schwetzingen lebt und hier seine zweite Heimat gefunden hat. Ein Vogel und ein Mensch haben sich im Schwetzinger Schlossgarten gesucht, gefunden und unglaubliche, aber doch wahre Erlebnisse miteinander erfahren.

Von nun an werden wir uns zusammen mit dem pfiffigen Eddy und dem geistreichen Herrn Neumann im schönsten Barockgarten Deutschlands bewegen und einige interessante und amüsante Momente gemeinsam erleben.

**„Dichtung und Wahrheit“** sei mir freundlicherweise gewährt !

Ich persönlich, Gerda Leuthardt, gebe hiermit bekannt, dass jede in diesem Büchlein von mir geschilderte Geschichte über die ungleiche Freundschaft zwischen Herrn Neumann und Eddy in Zusammenarbeit mit Herrn Helmut Neumann selbst, und, nach Aussagen mehrerer Schlossgartenbesucher, wahrheitsgetreu wiedergegeben ist. Nach meinem Verständnis handelt es sich hier um eine wahre Geschichte, die man unterschiedlich auslegen kann. Warum auch nicht?! Wichtig ist doch, dass solch' eine schöne Begebenheit nicht in Vergessenheit gerät, sondern dass sie niedergeschrieben wird und für die jetzigen und zukünftigen Kinderscharen – und Erwachsenen ebenso – eine amüsante, interessante, aufheiternde, auch lehrreiche Lektüre bedeutet. Vielleicht zaubert Eddy und Herr Neumann hin und wieder ein bezauberndes Lächeln auf Euren Lippen! Das wäre schön!

Zur inhaltlichen Gestaltung der Geschichte „Eddy und Herr Neumann“ habe ich meine Kenntnisse über den Schlossgarten in Schwetzingen genutzt und auch meiner Phantasie freien Lauf gelassen, um dem Ganzen einen netten und freundlichen Rahmen für diese Erzählung zu geben. Kinder und Erwachsene sollen Freude an diesem Büchlein haben. Außerdem beinhaltet dieses Buch viele historische und geschichtliche Informationen rund um die Sehenswürdigkeiten des Parks, so dass es auch als Schlossgartenführer verwendet werden kann.

Schaut bitte auf die Seite 9. Darin steht eine *Botschaft an alle,* die unbedingt zur Kenntnis genommen und respektiert werden muss.

Ansonsten wünsche ich Euch viel Spaß beim Lesen,
mit einem lieben Gruß von

Gerda Leuthardt

# Inhaltsverzeichnis

# Liebe Kinder und liebe Erwachsene!

*Viele* **Tiere im Schwetzinger Schlossgarten**, *präziser gesagt, Wildtiere, haben in dieser prachtvollen Anlage ihr Zuhause gefunden. Der Park ist aber kein Zoo, sondern eher ein Jagdgebiet, Freiheit pur! Die Mutter Natur hat schon dafür gesorgt, dass die Tierwelt selber fähig ist, ihre eigene für sie bestimmte Nahrung zu finden. Bei einem extrem langen und kalten Winter, und natürlich im Notfall sorgt das Fachpersonal für „Nachschub". Es sollte uns allen jedoch bewusst sein, dass eine Fütterung seitens der Besucher des Schlossgartens völlig falsch ist. Die Tiere können daran zugrunde gehen. Das viele alte, harte und zum Teil verschimmelte Brot, das immer wieder im Schlossgarten „verteilt" wird, sowie sonstige manchmal undefinierbare „Reste", entsprechen auf keinen Fall einer tiergerechten Nahrung. Es soll auch nicht zur Fütterung von Ratten am Leimbach dienen. Die freuen sich natürlich darüber und gehen dick und fett dann an die Nester der Vogelwelt, um die Eier zu stehlen … Ist das schön? Ist das richtig?*

*Es ist so wichtig, dass wir alle die Natur in hohem Maße respektieren. Das ist unsere Pflicht, deine und meine! Man muss sich einfach mal merken: „Was für den Menschen gut ist, kann für ein Tier böse Folgen haben."*

*Also, bei einem Besuch des Schlossgartens in Schwetzingen und auch woanders, wo Wildtiere leben, müssen wir das richtige und wichtige Verhalten ausüben, nämlich auf gar keinen Fall diese Tiere zufüttern. Überhaupt nie, kein einziges in der Natur freilebendes Tier, und das ohne Ausnahme! Das ist nicht die Aufgabe des Menschen, sondern die Mutter Natur sorgt schon dafür, dass Enten, Schwäne, Tauben, Graureiher, Eichhörnchen und Fische sich selbst ein gesundes Menü aus Algen, Kleinkrebsen, Würmern, Schnecken, Insekten und Pflanzenteilen zusammenstellen. Instinktiv wissen die Tiere ganz genau, was sie brauchen und wo sie es in freier Natur finden können. Der Mensch meint es oft zu gut, aber er muss nicht „nachhelfen"! Das schadet den Tieren, und das in hohem Maße!*

*(Ups, das musste auch mal sein!)*

Theo Kyrberg

## Darf ich vorstellen? – Herr Helmut Neumann

aus Berlin – Schwetzingen

… Herr Neumann erzählte einmal: …

Seit vielen Jahrzehnten gehe ich fast täglich, je nach Wetterlage, in den Schlossgarten und habe das große Glück gefunden, mit Eddy, einer stolzen Gans, Freundschaft zu schließen und diese in vollen Zügen zu genießen. Wir haben herrliche Spaziergänge gemeinsam unternommen, miteinander über Gott und die Welt geplaudert und geschnattert wie die Weltmeister. Wir haben uns prächtig verstanden.

All die netten Schilderungen in diesem Büchlein in Zusammenhang mit dem Gänserich Eddy entsprechen der Wahrheit. Die Fantasie hat sich natürlich auch hin und wieder mal eingeschlichen.

## Darf ich vorstellen? – Eddy in Schwetzingen

Die Gans auf dem Foto von Herrn Neumann mit seiner Begleiterin Frau Kula das bin ich, der Eddy. An dieser Stelle möchte ich schwören, dass alles, was in diesem Gänsebuch über mich und meinen besten Freund, Herrn Neumann, erzählt wird, der vollen Wahrheit entspricht! Ach, bin ich aufgeregt …

## „Man muss sich das einmal vorstellen …", sagt Herr Neumann

… eher in einem Zwiegespräch mit sich selbst, als zu der Gruppe neugieriger Menschen, zu der auch ich gehöre, die seiner unglaublichen Geschichte mäuschenstill zuhören. Mit kraftvoller und vertrauenswürdiger Stimme geht er seinen Gedanken zielstrebig nach.

„Irgendwann einmal, nein, eigentlich vor genau 20 Jahren, und irgendwo weit weg vom Schwetzinger Schlossgarten baute sich ein Gänsepaar ein kuscheliges Nest, und die Mama Gans brütete darin vier Gänseeier. Der Papa überwachte das Ganze. Nach ca. 30 Tagen pickten sich vier Schnäbelchen durch die Eierschalen, daraus schlüpften vier prachtvolle Gänsekinder heraus und erblickten das Licht der Welt. Wie schön sie war, diese Welt! Aber wunderschön und herzallerliebst waren auch die kleinen neuen Erdenbürger. Die stolzen Gänseeltern waren sich sogar sicher, dass ihre Küken die schönsten auf der ganzen Welt waren! Der pflichtbewusste Papa war den ganzen Tag unterwegs, um die besten Leckereien für seine Gänseschar zu besorgen. Sie sollten groß und stark werden und gesund durchs Leben watscheln. Die Eltern kümmerten sich wirklich rührend um die vier Kleinen. Einer davon, der Neugierigste, wollte unbedingt so schnell wie möglich schwimmen

lernen, um den berühmten Schlossgarten in Schwetzingen nicht nur von der Luft aus zu entdecken, sondern auch über die Wasserwege. Die Eltern hatten schon so viel Schönes von dem Garten berichtet. Obwohl die Mutter ihre Gänseküken nicht aus den Augen ließ, ist es doch tatsächlich dem einen kleinen Wissbegierigen gelungen, aus dem Nest zu springen und mit einem gewaltigen Bauchklatscher in den berühmten Leimbach zu fallen. „Platsch", hat's gemacht! Ach, oh Schreck! Der gute alte Leimbach ist lang, sehr lang sogar! Er fließt um und durch ganz Schwetzingen, sowie durch den Schlossgarten und mündet letztendlich in den Rhein. Der Leimbach trieb anfangs diesen kleinen Wasservogel stromabwärts, aber sehr schnell schaffte es das Gänseküken aus eigener Kraft heraus zu schwimmen. Es verlor die Angst. Es genoss sogar die schöne Landschaft entlang des Leimbachs und begrüßte unterwegs freundlich den Fischreiher auf der einen Uferseite und den großen bunten Pfau auf der anderen. Es wunderte sich sehr über alles Neue. Zum einen überwog die große Begeisterung über die Schönheit des Gartens. Aber zum anderen fühlte sich das Gänsekind so verlassen und brauchte dringend Hilfe, denn die Kräfte ließen allmählich nach. Die kam auch prompt. Ein aufmerksamer Schlossgartenbesucher alarmierte die Wache und zusammen mit der Verwaltungsleitung des Schlosses rannten alle an den Leimbach. Sogar die Feuerwehr eilte mit lautem „Tatü-Tata" herbei! Stimmt, die war auch dabei! Die Feuerwehrleute sprangen kopfüber hinein und retteten das kleine frierende und zitternde Gänsekind aus dem kalten Wasser. Mitarbeiter der Verwaltung nahmen sich seiner an, sorgten selber dafür, dass das Tier in ein warmes Zimmer kam und liebevoll zugedeckt wurde. Ein Tierarzt kam schleunigst hinzu und tröpfelte lebensrettende Medizin in den kleinen Gänseschnabel. Auf einmal öffnete das Gänschen die Augen, und alle waren erleichtert: Einem hilflosen Tier wurde das Leben gerettet! „Juhuh!"

„Von nun an konnte die kleine Gans ungehindert den großen Park erkunden", schließt Herr Neumann seinen Gedankengang mit einem vielsagenden Schmunzeln auf den Lippen. Seine Augen blitzen spitzbübisch ins Weite …

Unsere glückliche kleine Gans schaute sich im Schlossgarten um und verliebte sich natürlich sofort in diesen prachtvollen Park von Weltrang. Sie fühlte sich gleich gänsewohl, erkannte trotzdem sehr schnell, dass diese Gartenanlage recht groß sein müsste. Sie watschelte und watschelte kreuz und quer, bis ihr die Gänsefüßchen schmerzten. Sie schaffte es einfach nicht, in einem Tag alles zu sehen. Kein Wunder auch!

Der Schlossgarten in Schwetzingen ist ca. 72 Hektar groß. Was bedeutet das eigentlich?
1 Hektar = 10.000 Quadratmeter.
Nach Adam Riese (ein berühmter deutscher Rechenmeister aus dem 15. Jahrhundert!) und natürlich auch nach unserem schnellen Kopfrechnen, ist die gesamte Anlage 720.000 Quadratmeter groß. Damit man sich diese Zahl einmal vorstellen kann, denken wir einfach an ca. 100 Fußballplätze, die in den Schlossgarten hineinpassen würden. Unglaublich, aber wahr!

Und noch dazu findet man überall im Garten Wasserspiele, Springbrunnen, Fontänen, Weiher und Bächlein auf insgesamt 8 Hektar verteilt, das sind 80.000 Quadratmeter. Der Kurfürst Carl Theodor von der Pfalz, von dem wir demnächst noch einiges erfahren werden, war der Meinung, es müsste überall plätschern, in allen Richtungen sollte das Wasser zu sehen und zu hören sein, denn ...
*„Das Wasser ist die Seele des Gartens“*, sagte der Kurfürst ... Wunderschön!

## Eddy heißt die Gans

Unser inzwischen nicht mehr so kleines Gänseküken, sowie die gesamte Tierwelt der Umgebung, haben sofort diese abwechslungsreiche und üppige Natur zu ihrer Heimat gemacht. Alle Tiere sind einstimmig der Meinung, dass man, wenn man diesen Park einmal für sich erobert hat, diesen niemals wieder verlassen wird. Es ist einfach zu schön, im Schwetzinger Schlossgarten zu leben – ein Paradies!

Aus dem kleinen „Häufchen Unglück", dem schwachen Küken, entwickelte sich ein prächtiger und stattlicher Gänserich. Alle nannten ihn einfach „die Gans". Langweilig. Der anfängliche weiche und so zarte Flausch wurde schnell durch kräftige weiße Federn ersetzt. Es schien so, als ob der Gänserich glücklich und zufrieden war, aber die Wirklichkeit sah anders aus. Was zu Beginn ein kleines und belangloses Problem war, entpuppte sich sehr schnell zu einem großen und fast unüberwindbaren. Er war schüchtern, sehr schüchtern sogar, unser armer Ganter (wie man auch eine männliche Gans nennt), und litt sehr unter dieser Schwäche. Wie oft weinte er, immer versteckt hinter den Sträuchern, damit keiner ihn mit den roten verweinten Augen sehen konnte. In Wirklichkeit hatte er wunderschöne blaue, kugelrunde Gänseäuglein. Er gab sich große Mühe, Anschluss an die Tierwelt im Garten zu finden, aber erfolglos … Alleine musste er seine Runden drehen, um Futter zu suchen, meistens Gräser und Samen. Er kämpfte natürlich gegen seine Schüchternheit an. Er wollte ja so gerne überall mitmachen und mit allen anderen Tieren im Schlossgarten mitspielen, z. B. beim Fest „Karneval der Tiere" mitzuwirken, das wäre doch was! Der Gänserich wünschte sich, tapfer zu sein und laut schnattern zu können, wie alle anderen Gänse auch. Stolz zu schwimmen, wie die eleganten Schwäne, sich schnell und putzig wie die Eichhörnchen zu bewegen, und bewundert zu werden, wie die Pfauen … ein Traum. Aber all das gelang ihm nicht. Er war traurig und … was das Schlimmste überhaupt war, er war immer alleine … An solchem Tiefpunkt angelangt, vermisste er seine Eltern sehr, auch seine Geschwister. Er kannte gar nicht das schöne Gefühl der Geborgenheit innerhalb der Familie, oder echte Freunde und Freundinnen zu haben. Das einzige Lebewesen, das er in seiner Verzweiflung ab und zu aufsuchte, war der Fischreiher am Wasser. Dieser wiederum war auch ein Einzelgänger, so ein richtiger Eigenbrötler und ließ immer wieder deutlich spüren, dass er keine Lust hatte, sich mit irgendjemand zu unterhalten, geschweige denn einen Spaziergang mit einer Gans zu unternehmen. Er wollte einfach seine Ruhe haben und damit basta!

„Blödmann", dachte sich der inzwischen etwas kontaktfreudigere Gänserich. „Mit diesem hochschnäbligen und eingebildeten Vogel kann ich sowieso nichts anfangen … Ich versuch's mal mit freundlichem Grüßen!" Allen Mitbewohnern des Schlossgartens schnatterte er ein ganz höfliches und freundliches „Hallo, guten Tag!" zu, wie sich das gehört, hob dabei immer einen Flügel zur Begrüßung hoch, aber wenige grüßten zurück. „Was ist das bloß für eine komische Gesellschaft, in der wir heutzutage leben? Fast jeder ist nur mit sich selbst beschäftigt, keiner hat Zeit für den anderen. Dann bleibe ich eben alleine!", schnatterte er laut und deutlich durch den Park mit einer riesigen Wut in seinem Gänsebauch.

Da er immer unermüdlich unterwegs war, und sich im Schlossgarten so gut auskannte, wie wenige, begann er Gefallen an andere Lebewesen zu finden. Er entwickelte einen Spürsinn, eine gewisse Neugier für interessante Menschen. Da gab es kleine Menschen, große Menschen, alte und junge, dicke und dünne, hübsche und hässliche. Alle gingen spazieren – wie er! Alle erzählten sich etwas – er nicht! Viele schwätzten – er konnte nur schnattern! Alles kein Problem, denn jeder ist ja lernfähig. Er beschloss, Schwetzingen im Ganzen zu erobern. Mit Erfolg! Wenn schon die Tiere „die Gans" nicht im alltäglichen tierischen Leben wahrnahmen und auch nicht mit einbezogen, dann wollte er eben sein Glück bei Menschen suchen. Er trainierte sein Gehör, um wenigstens die deutsche Sprache zu verstehen. Englisch und andere Fremdsprachen würde er später mal in Angriff nehmen. Immer wieder traf er bei seinen täglichen

Spaziergängen in den Nachmittagsstunden rein zufällig auf Herrn Neumann mit seiner Gehhilfe und manchmal auch auf Frau Kula, die feine Dame als seine Begleiterin. Sie waren sich sympathisch, ja sogar sehr! Anfänglich tauschten sie ein liebes „Hallo" aus, im Laufe der Zeit wurde aus dem „Sich-freundlich-Grüßen" ein durchaus überschwängliches, lautes und herzliches Begrüßen, man fiel sich fast in die Arme, bzw. in die Flügel vor lauter Freude.

Herr Neumann denkt an die ersten Stunden mit seinem neuen sympathischen Freund zurück: „Nun ist es aber an der Zeit, dass mein gefiederter Freund, der Gänserich, einen Namen bekommt. Wir überlegen lange und taufen ihn „Eddy". Eddy sieht aus wie ein Eddy, kein anderer Name würde so gut zu ihm passen", führt Herr Neumann seine Gedanken fort. „Und selbst Eddy ist sehr glücklich darüber, hört sofort auf seinen Namen und freut sich riesig, nun endlich auch einen eigenen, richtigen Namen und einen echten Freund zu besitzen. Er läuft stolz wie

Oskar durch den Garten, wenn ich an seiner Seite bin. Eichhörnchen, Reiher, Schwäne, Gänse, die Pfauen und die ganze Vogelschar, alle schauen ihm nach und er genießt es so richtig, auch einmal bewundert zu werden. Ist es nicht ein herrliches Gefühl, auch hin und wieder mal im Mittelpunkt des Lebens zu watscheln?!"

Inzwischen kennt sich Eddy bestens im Schwetzinger Schlossgarten aus, seine Gestaltung, die Kunst, die herausragenden Bauten und versteckten Ecken sind ihm vertraut. Der Schlossgarten ist SEIN Revier! Eddy ist immer unterwegs und schnattert gerne und viel über alles, was er so sieht und erlebt. Leider hören nur wenige ihm zu. Einige bleiben zwar stehen, staunen, lachen, fotografieren, schütteln den Kopf und ... gehen weiter. Mit einer Ausnahme: Herr Neumann mit seiner Familie und Frau Kula. Die gehen IMMER zusammen mit Eddy durch den Schlossgarten spazieren und hören auch IMMER andächtig zu, wenn Eddy wieder etwas Neues zu berichten hat, wie zum Beispiel seine Entdeckung einer zwischen Sträuchern versteckten großen Vase oder einer Skulptur aus Sandstein, die ihm vorher gar nicht aufgefallen war. Auch seinen Ärger gegenüber den arg komischen Nilgänsen bringt er aufgeregt zum Ausdruck. „Von Jahr zu Jahr fliegen immer mehr solche eigenartigen, bunten Gänse in großen Scharen aus Afrika in meinen Schlossgarten", sagt Eddy richtig wütend. „Aus Kanada kommen auch welche, ziemlich aufdringlich sind sie!" Er zieht den Hals lang, noch länger, und wiederholt zum x-ten Mal laut und deutlich: „Dieser schönste und größte Barockgarten Deutschlands hat eben eine enorme Anziehungskraft, ein richtiger Publikumsmagnet!" Stolz verkündet er seine Meinung! Vielleicht denkt Eddy dabei: „ICH bin hier der Herr im Hause! Konkurrenz kann ich überhaupt nicht vertragen!"

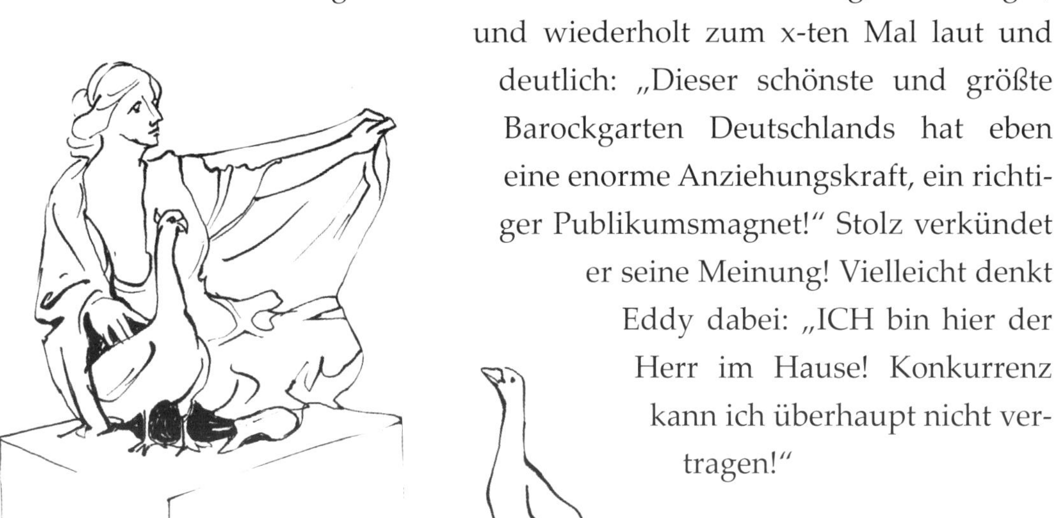

## Da haben sich aber ZWEI gefunden …

An dieser Stelle kommt Herr Neumann wieder zu Wort und plaudert so aus, wie alles begann, also seine ersten Begegnungen mit dem Gänserich Eddy, seinem zukünftigen Freund.

„Eines Tages ist das Fernsehen in den Schwetzinger Park gekommen, um einen Film über all die, zum Teil auch versteckten, phantastischen Sehenswürdigkeiten zu drehen. Nicht nur schöne Skulpturen aus Marmor, Figuren aus Sandstein, Götter und Helden aus Blei sollten aufgenommen werden, auch die schöne Gans musste ins Bild. Sie passte so richtig in die einmalige Landschaft – Kunst und Natur im Einklang, und sie würde als Vertreterin der tierischen Welt das Gesamtbild bereichern. Der Kameramann versuchte verzweifelt, den Gänserich vor seiner Linse zu bekommen, er ließ sich aber nicht fotografieren. Meine Partnerin, Frau Kula, mit der ich täglich in den Schlossgarten spazieren gehe, und ich, kamen zufällig dazu, schauten uns das ganze Theater an und siehe da, die Gans ließ sich auf einmal mit mir zusammen filmen. Alle staunten und jubelten. Es war etwas Unglaubliches, Unbeschreibliches passiert, das unsere große einmalige Freundschaft für immer kennzeichnete: Der stolze Gänserich wich von diesem Moment an im Schlossgarten nicht mehr von unserer Seite. Nie wieder!“ Die Gründe dafür kennt nur er alleine.

## Schwetzingen „anno dazumal“

Kinder, Kinder, wie die Zeit vergeht, … aber im Schlossgarten in Schwetzingen ist sie irgendwann – diese Zeit – wohl stehengeblieben. Man schaut sich um, und der Zauber von damals „knistert“ noch heute.

Im ***Jahre 766*** wurde „Suezzingen“ erstmals urkundlich im Lorscher Codex erwähnt. Somit blickt Schwetzingen im Jubiläumsjahr 2016 auf eine stolze Geschichte von 1250 Jahren zurück. Im ***Mittelalter,*** um das Jahr 1350 herum, stand hier bereits eine kleine Wasserburg in sumpfigem Gelände, auf Holzpfählen stehend, und viele Wildpflanzen ringsherum. Es war ein Jagdschlösschen, das damals den Kurfürsten und Pfalzgrafen diente, ihrer großen Leidenschaft nachzugehen – der Jagd. Sicherlich kennt der eine oder andere noch das alte Liedchen ***„Der Jäger aus Kurpfalz, der reitet durch den grünen Wald und schießt das Wild daher, gar wie es ihm gefällt! Ju-ha, Ju-ha!“*** Das passt so richtig in unsere Landschaft hinein, denn damals war die Region um Schwetzingen, Mannheim und Heidelberg herum ein beliebtes Jagdrevier.

Ja, auch der ***Kurfürst Carl Theodor*** von der Pfalz war ein leidenschaftlicher Jäger. Im 18. Jahrhundert, vor über 250 Jahren, residierte und regierte er im Mannheimer Schloss, aber jedes Jahr um den Monat Mai herum kam er mit rund 1.500 Personen in die ***Sommerresidenz Schwetzingen,*** um ein halbes Jahr lang Urlaub zu machen. Fern vom strengen Zeremoniell des Mannheimer Hofes ließ sich die höfische Gesellschaft, also Familienmitglieder, Gäste und Freunde, Künstler und Musiker – insgesamt vielleicht 500 Personen – von einer großen Schar von ca. 1.000 Bediensteten, verwöhnen.

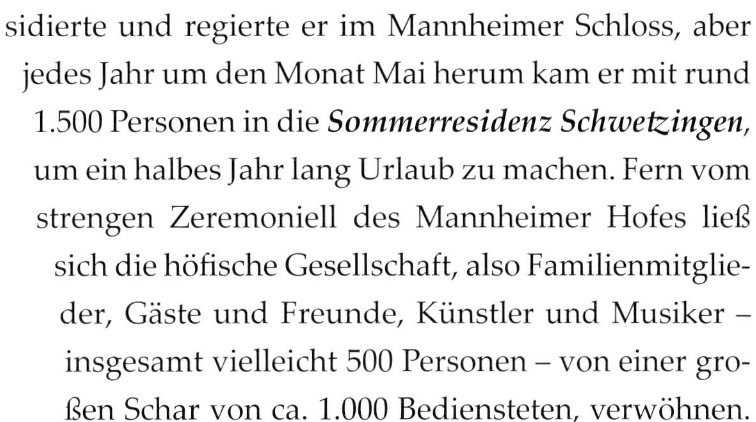

Ja, man ließ es sich so richtig gut gehen und jeder Wunsch wurde einem von den Augen abgelesen. Die Modegetränke des 18. Jahrhunderts waren ***heißer Kaffee für die Erwachsenen und heiße Schokolade für die Kinder.*** In jedem Appartement des Schlosses waren Glöckchen angebracht, die übrigens in den einzelnen Räumen anders geklungen haben,

damit die Dienerschaft wusste, wohin sie mit den gewünschten heißen Getränken musste. Unser Kurfürst war ein moderner Herrscher und sorgte sogar dafür, dass Kaffee im Schlossgarten angepflanzt, geerntet, geröstet und getrunken wurde. Alle staunten. Und Carl Theodor konnte damit angeben, das Modegetränk des 18. Jahrhunderts zu besitzen, was damals nicht so selbstverständlich war. Und die Kinder erfreuten sich immer wieder, wenn ein Diener heiße Schokolade servierte, hm, hm …

Natürlich brauchten diese vielen Menschen Platz. Im Dorf Schwetzingen wurden die ersten Zimmer gemietet, so dass der kleine Ort dadurch einen städtischen Charakter erhielt. Das reichte bei weitem nicht aus, alle unterzubringen. Zusammen mit seiner Gattin ***Elisabeth Auguste*** hat der Kurfürst damals das Schloss durch große Baukünstler, wie Nicolas de Pigage, und andere, erweitern lassen. Dazu gehörte der Anbau der wunderschönen ***Zirkelsäle,*** die den Garten praktisch umarmen. In einigen dieser Räumlichkeiten im Schloss und in den Zirkelsälen waren große Schlafkammern eingerichtet für die vielen Bediensteten. Im ***südlichen Zirkel*** gab es den Jagdsaal, Ausstellungsräume und den heutigen Mozart-Saal. Vor 250 Jahren war darin auch die große ***Küche*** untergebracht. Heute befindet sich dort die Fachhochschule Schwetzingen für Rechtspflege. Man muss sich das einmal vorstellen, was das bedeutete, tagtäglich 1.500 Personen verköstigen zu müssen … Was für eine Arbeit! Alles, was in der Region und im Schlossgarten angepflanzt wurde, Kartoffeln um den Hunger zu stillen, Spargel für den Genuss am Hofe, auch exotische Zitrusfrüchte, wie Orangen, Zitronen und Pampelmusen, die schönen Granatäpfel, 200 Ananaspflanzen, und vieles mehr, kam in die große Küche. Der Kurfürst hatte auch für die unterschiedlichsten

Gerichte den passenden Koch dazu eingestellt. Einen für Fleisch, einen anderen für Fisch, einen Koch nur für leckere Saucen, einen weiteren für das gesunde Gemüse. Damit alle satt werden konnten, drehte man alle drei bis vier Tage sieben bis acht Ochsen am Spieß. Der für seine Leckereien berühmte Zuckerbäcker der kurfürstlichen Familie hat all die fremdländischen und exotischen Früchte in leckere Desserts, Marmeladen, Kuchen und Torten umgewandelt. Ein enormes Schlemmen und Genießen!

Das berühmte kurfürstliche Hoftheater, das ***Rokoko-Theater***, befindet sich in den ***nördlichen Zirkelsälen.*** Es ist eines der schönsten Theater Europas, und das älteste erhaltene Rangtheater weltweit. Seit über 50 Jahren finden dort alljährlich die weltberühmten Musik-Festspiele statt, auch die Mozart-Festspiele, und Ballett-Aufführungen, Konzerte, Opern und Theater. Auch die Oper „Die Zauberflöte" von Wolfgang Amadeus Mozart begeistert immer wieder Kinder und Erwachsene aus nah und fern. In diesem nördlichen Zirkel sind auch noch festliche Säle für Tanzabende, Ausstellungen und das Schlossrestaurant zu finden.

## Der Schwetzinger Schlossgarten

Treffpunkt mit dem gutgelaunten und gutaussehenden Eddy ist diesmal der Haupteingang des Schlosses. Herr Neumann und Frau Kula haben eine Jahreskarte – wie es sich so für Schwetzinger Bürger gehört – und Eddy kommt sowieso kostenlos rein als Schlossgartenbewohner. Natürlich hebt er freundlich seinen Flügel mit einem Gänsehallo zur Begrüßung des Wachpersonals an der Kontrolle. Er ist ja bekannt wie ein bunter Hund. Eddy versucht zwar immer, sich an den etwas langsameren Gang von Herrn Neumann mit seiner Gehhilfe anzupassen, aber eigentlich bestimmt ER gerne das Tempo. „Man muss ja Respekt vor dem Alter haben", redet er sich immer wieder selber ein, aber erhobenen Hauptes stolziert er doch liebend gerne vorneweg durch SEINEN Schwetzinger Schlossgarten und schnattert wo es langgeht!

***Flanieren*** ist angesagt – etwas hochnäsig, bitte!

Nachdem sie durch den kleinen Torbogen am Schloss den riesigen Park betreten haben, staunen sie immer wieder aufs Neue. Das ist dieses überwältigende Aha-Erlebnis, das Menschen und Tiere aus aller Welt begeistert.

Herr Neumann schwärmt überschwänglich laut und deutlich von dieser phantastischen Anlage, die sich auf den ersten Blick bis ins Unendliche auszudehnen scheint. Eddy schnattert wie ein Weltmeister dazu, und beide kommunizieren um die Wette, und tauschen fröhlich und putzmunter ihre umfangreichen Kenntnisse über dieses prächtige Gesamtkunstwerk miteinander aus. Beide sind immer wieder begeistert und stehen eigentlich sinnbildlich für alle Besucher, die dasselbe empfinden.

Zu Beginn der Herrschaft des Kurfürsten Carl Theodor von der Pfalz im Jahre 1742 ging der Schlossgarten nur bis zu der ersten Fontäne, dem Arionbrunnen. Der Kurfürst war ja ein modern denkender Herrscher mit einem gesunden Menschenverstand. Etwas neidisch war er auch, denn er wollte immer alles besitzen, was schön, gut und teuer war. Deshalb erwarb er in Schwetzingen immer wieder neues Land dazu, um seine Phantasien in die Wirklichkeit umzusetzen und sich seine ausgefallenen Wünsche zu erfüllen. Er brachte in diesem immer größer werdenden Schlosspark ***Kunst und Natur in Einklang!*** Deshalb können wir auch heute noch diesen phantastischen und großen Schlossgarten genießen und bewundern. Er ist einmalig.

Wenn Eddy und Herr Neumann den Schlossgarten betreten, befinden sie sich im sogenannten ***französischen Kreisparterre,*** vom Hofgärtner ***Johann Ludwig Petri*** 1753 konzipiert. Das ist ein großer Kreis, der am Schloss beginnt. Rechts und

links geht er weiter mit den Zirkelsälen, die den Garten praktisch umarmen. An den Blumenbeeten, grünen Rasenflächen und Linden entlang, erreicht man das Zentrum des Kreises, wo sich der ***Arion-Brunnen*** befindet. Läuft man dann bis zu den Hirschen hat man das Ende des großen Kreises erreicht. Aus der Vogelperspektive, wenn wir mit einem Ballon unterwegs wären, könnten wir diesen perfekten Kreis genau erkennen.

Dieser ***barocke Garten*** ist sehr gepflegt und perfekt symmetrisch gestaltet mit einer geometrischen Ordnung, d.h. nichts ist dem Zufall überlassen, alles ist genau berechnet. Als Vorbild diente unter anderem der barocke Garten im Versailler Schloss in der Nähe von Paris, wo im 17. Jahrhundert der Sonnenkönig Ludwig XIV. lebte und regierte. Im 18. Jahrhundert schauten unsere kurfürstlichen Gärtner gerne mal rüber ins Nachbarland Frankreich, um neue Ideen zu bekommen oder sich so einiges abzuschauen. Das war damals so üblich, dass man gute Ideen von anderen kopierte. Ach, heute ist es ja nicht anders! Der Schwetzinger Schlossgarten war und ist auch heute noch ein prachtvoller Park von Weltrang.

## Der Arion-Brunnen – Die Mythologie und ihre Götter

Eddy springt sofort in das größte Bassin mit der höchsten Fontäne im Schlossgarten hinein, um sich etwas abzukühlen. Seine Füße tun ihm weh und brauchen ein bisschen Erholung. Er schwimmt einige Runden, schaut aber immer wieder zu Herrn Neumann herüber, dass dieser ihm ja nicht wegläuft. Er lässt ihn nicht aus den Augen. Frisch und munter gesellt er sich dann wieder zu Herrn Neumann und beide betrachten den gut aussehenden Arion, der in der Mitte des Springbrunnens auf einem Delphin sitzt. Um die beiden herum spielen mehrere kleine Putten mit Schwänen. All' diese Figuren sind aus Blei und stammen aus Lunéville, der Partnerstadt von Schwetzingen in Lothringen, Frankreich.

Herr Neumann setzt sich an den Rand des Brunnens und Eddy, wie immer, nimmt Platz vor den Füßen seines Freundes.

„Lieber Eddy“, sagt Herr Neumann, „hier sind wir an einem Punkt angekommen, an dem ich gerne einmal mit dir über die Mythologie sprechen möchte. Weißt du überhaupt, was das bedeutet?“

Eddy lauscht gespannt, denn er ist ja ein neugieriger Gänserich mit einer großen Auffassungsgabe.

„Die Mythologie beschäftigt sich mit Erzählungen aus alten griechischen und römischen Zeiten. Das sind interessante Geschichten von Göttern und Göttinnen, Helden, Nymphen, Hexen, Feen, Zwergen und Ungeheuern aus einer Zeit, lange, lange vor unserem heutigen Zeitalter. Die Menschheit verehrte früher mehrere mythologische Götter, Geister und Gestalten. Heute, im 21. Jahrhundert, verehren die meisten einen einzigen lieben Gott, andere gar keinen, in fernen Ländern gibt's auch heute noch mehrere davon. Jeder Mensch wird eben nach seiner Fasson selig! Jeder hat die Religion, die zu ihm passt und ihn glücklich macht. Mit guten und bösen mythologischen Gestalten haben sich Menschen früher herumgeärgert, oder aber angefreundet.

In der römischen Mythologie ist Neptun der mächtige Gott des Meeres, in der griechischen Mythologie nennt sich derselbe Gott Poseidon. Der römische Gott Vulcanus verkörpert das Feuer und die Blitze, und Diana ist die Göttin der Jagd. Und es gab noch viele weitere göttliche, interessante, vielleicht auch gruselige, aber auch schöne und komische Gestalten.“ Die meisten vermittelten wichtige Botschaften an die Menschheit.

Eddy ist begeistert. Diese neuen Informationen hat er sofort in sein kleines Gänsehirn gespeichert.

Herr Neumann staunt nicht schlecht, als Eddy daraufhin seinen Schnabel öffnet, zu ihm heraufschaut und ihm die wahre Geschichte des Sängers und Dichters Arion erschnattert. Eddy hatte eben vielen Schlossführerinnen und Schlossführern in der Vergangenheit aufmerksam zugehört, vielleicht hinter einem Fliederbusch versteckt, und nun kann auch er mit seinen gewonnenen Kenntnissen gegenüber Herrn Neumann mächtig angeben.

Eddy übermittelt Herrn Neumann ganz aufgeregt die spannende Geschichte des Arion. „Ein alter Grieche, genannt Arion, war ein reichgewordener

Sänger und Dichter. Als er sich auf der Rückfahrt von einem Sängerwettstreit auf einem Schiff befand, kamen räuberische Seeleute an Bord. Ein Überfall! Diese Piraten wollten das ganze Schiff übernehmen. Arion fühlte sich bedroht und hatte Angst. In seiner Verzweiflung bat er um die letzte Gunst, auf seiner Leier spielen zu dürfen und noch ein allerletztes Lied zu singen. Das wurde ihm gewährt, und er begann laut und deutlich, aber tragisch und schön zu singen.

In den Meereswogen schwamm gerade ein silberblauer Delphin vorbei. Er hörte den traumhaften Klang des Musikinstruments, die himmlische und doch traurige Stimme des Arion und wusste sofort, dass Hilfe zu leisten war. Er schwamm ganz nahe an das Schiff heran und somit hatte Arion die Gelegenheit, herunterzuspringen und sanft auf den Rücken des Delphins zu landen. Beide entfernten sich schnell von dem Piratenschiff, kamen nach Korinth und anschließend nach Schwetzingen. Da der Delphin den Sänger Arion vor Räubern und Meereswellen gerettet hatte, entwickelte sich eine gute Freundschaft zwischen den beiden und nun leben sie glücklich und zufrieden im Schwetzinger Arion-Brunnen. Mehrere kleine Putten und Schwäne und auch Gänse gesellen sich gerne dazu. Auch ich!", beendete Eddy seinen Vortrag.

Eddy schaut neugierig hinauf zu Herrn Neumann, um aus seinen Gesichtszügen zu erfahren, ob der Gefallen an dieser aufregenden Geschichte gefunden hat. „Toll, lieber Eddy, ich bin ganz begeistert und auch recht stolz auf dich, wie viel du schon gelernt hast. Ich wusste ja gar nicht, dass du dich auch für die Geschichten der griechischen und römischen Mythologie mit den Göttern und Helden der Antike so sehr interessierst. Mach weiter so!"

## Broderien, Blumenrabatten, Bäume und Bepflanzung

Eddy hört überhaupt nicht mehr auf zu plappern. Nun steht auf einmal eine Schulklasse von einer Schwetzinger Grundschule vor ihm und möchte gerne Informationen über die Blumenbeete haben. Das ist natürlich ein Thema, das ihn mächtig interessiert. Wenn er bloß nicht so nervös wäre … Er zappelt schon vor Aufregung von einem Fuß auf den anderen. Damit er ja nichts vergisst, zieht er sicherheitshalber seinen Spickzettel unter seinem linken Flügel hervor und beginnt zu schnattern „was das Zeug hält!"

Mit Begeisterung erklärt er seinem Freund, Herrn Neumann, und den anwesenden Schülern, was er bereits gelernt hat.

„Die Rasenflächen sind mit ***Broderien,*** das französische Wort für Stickereien, geschmückt. Das sind geschwungene und geschnörkelte Ornamente von kurzgehaltener Buchsbepflanzung. Für den früher beliebten Farbkontrast werden weiße Carrara-Marmor-Steinchen gestreut und zermalmte Back- oder Ziegelsteine für die etwas rötliche Farbe.

***Blumenrabatten*** – die Blumenbeete – umranden prachtvoll und bunt die vier grünen Rasenflächen im französischen Kreisparterre. Man könnte denken, dass die fleißigen Gärtner alle Jahre wieder – im Herbst und Ende des Frühjahrs – bei der Bepflanzung der Beete beste Laune und viel Phantasie zeigen, um alles kunterbunt zu gestalten. Ha! Das stimmt nur zum Teil, denn gute Laune haben sie immer, eigene Phantasie ist jedoch nicht so angesagt. Sie richten sich nämlich heute noch nach den alten Aufzeichnungen des damaligen Hofgärtners Petri aus dem 18. Jahrhundert. Eine Art große viereckige, beschriftete Schablone, die wie ein Schachbrett aussieht, dient heute noch als Vorlage. Nachdem genau die richtigen „historischen“ Samen, Pflanzen und Blumenzwiebeln überall gesucht und gefunden wurden, geht's an die Arbeit. Die fleißigen Schwetzinger Gärtner schauen zuerst auf die alte Liste vom Petri und setzen dann die Pflanzen schachbrettartig genau an der gleichen Stelle in die Erde, wo sie damals schon geblüht haben, mal waagerecht, mal senkrecht, und auch mal quer! Wenn z.B. früher ein Vergissmeinnicht oben links gepflanzt wurde und nebendran ein Löwenmäulchen, dann sehen wir auch heute an derselben Stelle ein Vergissmeinnicht neben einem Löwenmäulchen. Die Gärtner wollen nichts von der modernen Blumenwelt, bzw. Pflanzenmode wissen. So wie damals zu Lebzeiten des Kurfürsten Carl Theodor der Garten mit Blumen wunderschön geschmückt wurde, so soll es auch heute sein!

Diese perfekt symmetrische und farbenfrohe Blumenbepflanzung, wie man sie damals in Frankreich so liebte, ist typisch barock und gibt dem Garten einen besonderen Reiz.“

Und jetzt atmet Eddy tief durch … er hat's geschafft! Das war ein spannender Vortrag! Ja, ja, er weiß gut Bescheid, man muss ihm nur genau zuhören. Er errötet sogar, als alle um ihn herum Beifall klatschen. Eddy bedankt sich freundlich mit einem Flügelschlag.

Herr Neumann gibt an dieser Stelle stolz seine Kenntnisse preis, die er bei einem netten Plauderstündchen mit einem Gärtner – nach seiner Arbeit! - kürzlich erfahren hat: „Alle Jahre wieder im Oktober werden ca. 40.000 Pflänzchen in die Erde gesetzt, die bis ins Frühjahr hinein prachtvoll blühen. Zum richtigen „gärtnerischen“ Zeitpunkt werden dann alle von einem Tag zum anderen entfernt, eine große Menge frische Erde gestreut und anschließend etwa 25.000 neue Sommerblüher eingepflanzt. Erstaunlich, nicht wahr? Was für eine anstrengende, körperliche Tätigkeit … alles Handarbeit! An dieser Stelle möchte ich alle bitten, ein dickes DANKESCHÖN an die Schwetzinger Gärtner zu sagen. Wollen wir allen „Künstlern des Gartens“ einen Riesenapplaus schenken.“

Eine Schlossgartenführerin, die gerade zufällig vorbeikommt, klatscht ebenfalls Beifall und sieht mit Freude dem bunten Treiben zu. „Darf ich noch etwas hinzufügen? Ja, liebe Kinder und Erwachsene, lieber Eddy, bei eurem Gartenspaziergang entlang der Haupt- und der Querachsen schaut bitte alle mal nach rechts und nach links. Dort stehen ***860 Linden,*** die ca. 9 Meter hoch sind. Die werden jedes Jahr im Herbst, wenn alle Blätter auf dem Boden liegen, so eigenartig gestutzt, dass sie sich uns im Frühjahr und Sommer mit ihrem vollen grünen Laub wie ein Herz in umgekehrter Form darstellen, d.h. die Spitze zeigt nach oben. Das ist heute genauso, wie zu Zeiten des Kurfürsten Carl Theodor und seiner Gattin Elisabeth Auguste. Das bedeutete damals: „Langes Leben, viele Kinder und großes Glück dem kurfürstlichen Geschlecht!"

## Zu Dritt ab in das Arboretum

Ein Arboretum ist eine Sammlung verschiedenartiger, oft auch exotischer Bäume und Sträucher. Im Jahre 1802 schickte der Gartendirektor Zeyher seine Gärtner in die weite Welt hinaus, um für eine Art Botanischen Garten im Schwetzinger Schlosspark seltene Pflanzen zu suchen. Sie kamen zurück und brachten einen Reichtum an schönen und fremdländischen Bäumen und Sträuchern mit. Ein prächtiges, zum Teil vergoldetes schmiedeeisernes Tor steht am Eingang. Man ließ die Natur wachsen und gedeihen, wie es ihr gefiel, nichts wurde geschnitten, gestutzt oder kurz gehalten, wie das der Fall in einem französischen Garten war. Natürlich zeigte die Natur sich nicht dschungelartig, sondern das prachtvolle Grün wurde gehegt und gepflegt, denn ohne Pflege geht ja gar nichts.

In diesem Landschaftspark – ein Ort der Ruhe – mit so vielen verschiedenen Baum- und Pflanzenarten und einer Menge Wasser fühlen sich Eddy, Herr Neumann und Frau Kula gänsewohl. Das ist der tägliche Treffpunkt Nr. 1 für diese drei Freunde, und viele Besucher gesellen sich gerne dazu, wenn … ja wenn es dem Eddy recht ist. Nicht jeder darf sich mit seinen besten Freunden unterhalten. Auf der einen Seite ist er ein bisschen eifersüchtig, auf der anderen stören bestimmte Leute maßlos, wenn er gerade mal ein nettes Gespräch mit Herrn Neumann unter vier Augen führen möchte. Solche Gespräche von „Mann zu Mann" eben. Da braucht man keine Zuhörer!

Herr Neumann kann stundenlang und tagelang über seine Erlebnisse mit Eddy berichten. „Jeden Tag, wenn es das Wetter zulässt, immer so gegen 15:00 Uhr, laufen wir – Frau Kula und ich – wohlgemut in den Schlossgarten. Nachdem wir am Eingang „Dreibrückentor" durch die Drehtür kommen, werden wir von dem Gänserich Eddy mit Freuden empfangen. Toll, Eddy erkennt uns schon von weitem, schnattert wie verrückt und will uns etwas erzählen. Je nach Jahreszeit, wenn es im Sommer nachmittags sehr heiß ist, dann gehen wir natürlich etwas später in den Garten. Auch dann steht Eddy da, und das ganze Begrüßungsprogramm geht munter vonstatten. Unterwegs haben uns die Leute schon informiert, dass die Gans bereits unruhig hin und her watschelt. „Der Eddy wartet schon auf Sie!"

Herr Neumann erzählte einmal mit viel Emotion und innerer Genugtuung: „Wir spüren eine innige Verbundenheit zueinander. Im Allgemeinen lieben Gänse die konsequente Wiederholung ihrer täglichen Tätigkeiten, immer denselben Weg zu gehen, um das eine bestimmte Ziel zu erreichen. Gänse sind ganz treue Tiere. Wenn einmal eine richtige Freundschaft mit einem Menschen oder mit einem anderen Tier zustande gekommen ist, dann bedeutet dies eine Verbindung für's ganze Leben. Das ist mit Eddy, dem Gänserich, und mit mir, einem fleißigen Schlossgartenbesucher passiert. Wir empfinden wohl dasselbe füreinander, wir mögen uns, wir sind gleichgesinnte Geschöpfe, und, wie man heute so schön sagt, „wir ticken gleich. Deshalb klappt es so gut mit der ungleichen Freundschaft."

## Die Hirschgruppe

Manchmal unternimmt Eddy auch gerne ganz alleine einen kleinen Ausflug. Genau wie manche Menschen auch! Dann besucht er zum Beispiel die beiden wasserspeienden Hirsche, die manchmal lieber ein „Schwätzerchen" mit anderen Tieren des Gartens halten würden, als andauernd von Besuchern gestört zu werden.

Die Gruppe ist wohl die meistfotografierte Skulptur im ganzen Park und auf fast jeder Postkarte zu finden, praktisch das Wahrzeichen des Schlossgartens. Ja klar, unser Kurfürst war ja auch ein leidenschaftlicher Jäger, seine Elisabeth Auguste übrigens auch. Somit sind Jagdmotive typisch für Schwetzingen. Aber verflixt noch mal, es ist lästig, ja fast unerträglich, dass all diese Besucher jedes Mal beim Vorbeikommen die Skulpturen fotografieren müssen und, was noch schlimmer ist, die Hirsche auch anfassen, das

Geweih berühren, und auch noch auf die Hirsche drauf klettern, als ob sie Pferde wären. Das gehört sich nicht! Unmöglich! Eddy tröstet sie liebevoll.

Aus örtlicher Überlieferung erzählt man sich, dass während der Herrschaft des Kurfürsten Carl Theodor im 18. Jahrhundert zwei große und verängstigte Hirsche sich im Schlossgarten verlaufen hatten. Sie verhedderten sich in die Netze des Jägers Carl Theodor, und seine insgesamt sechs Jagdhunde versuchten vergebens, sie zu reißen. In der Jägersprache bedeutet das unter anderem „mit voller Kraft festhalten, bis der Jagdherr kommt“. Die Hirsche konnten sich jedoch mit größter Mühe und Not befreien und rannten um ihr Leben zurück in die Wälder der Umgebung.

Der Kurfürst war sehr beeindruckt davon, dass zwei Hirsche entfliehen konnten, und sehr verärgert darüber, dass seine Jagdhunde versagt hatten. Der große Künstler und Bildhauer Peter Anton von Verschaffelt wurde sofort damit beauftragt, Hirsche und Hunde aus Sandstein zu gestalten, als Andenken an diese bemerkenswerte Jagdszene.

Was wollte die **Göttin Diana** im Schlossgarten?!
Hier meldet die **Mythologie** sich zu Wort:

Diana, Göttin der Jagd, besuchte vor langer, langer Zeit den Schwetzinger Schlossgarten, begleitet von ihrem Gefolge. Es war Hochsommer und sehr heiß. Diana machte eine kurze Pause beim kleinen Bassin am Ende des französischen Kreisparterres. Die Damen entledigten sich ihres Schleiers, und erfrischten sich im kühlen Nass, und … sie fühlten sich beobachtet, und zwar von Aktäon, auch ein Jäger. Diana erblickte ihn hinter dem Fliederbusch versteckt und rief ihn zu sich. „Aktäon“,

sagte sie streng, „Du hast uns beim Baden beobachtet. Das gehört sich nicht. Du wirst dies niemand und niemals weitererzählen, denn für dein voyeuristisches Verhalten werde ich dich bestrafen.“ Und … verwandelte Aktäon in einen Hirsch. Und da in Schwetzigen so vieles doppelt zu sehen ist, und damit der eine Hirsch nicht so alleine ist, hat der berühmte Bildhauer Peter Anton von Verschaffelt noch einen zweiten Hirschen dazu gestaltet.

## Ein Traum wird wahr – Danubius und Rhenus

Eddys Traum ist in Erfüllung gegangen: Nun hat er tatsächlich das große Glück gefunden, endlich einen richtigen Freund „zu besitzen“! Und der heißt Herr Helmut Neumann. Mit dem kann er über Gott und die Welt schnattern und plaudern, und das macht ihm viel Spaß. Er fühlt sich erstmals verstanden und ernst genommen. Herrn Neumanns freundliche Partnerin, die Frau Kula, hat er ebenfalls ins Herz geschlossen. Sie ist ja auch eine liebe und pfiffige Dame. Eddy bewundert sie sehr und findet „Frau Kula cool“!

Eddy hat zwar kein Tier, dafür aber einen Menschen als Freund gefunden, so einen richtigen Kumpel für's Leben, der ihm zuhört und auch Interesse an seinem tierischen Leben zeigt. Eddy, der liebenswerte Gänserich, ist ein guter Zuhörer, schnattert jedoch gerne seine eigene Meinung dazwischen. Selbstbewusst ist er Herr im Hause, oder besser gesagt, Herr im Schlossgarten, und er weiß, wo es lang geht. Keiner macht ihm etwas vor. Er entwickelt sich zu einem guten und sachkundigen Schlossgartenführer und freundlichen Begleiter.

Eines Tages, es war Sommer, stand der Schlossgarten in voller Blütenpracht. Herr Neumann und Frau Kula machten sich wie immer piekfein für den täglichen Spaziergang. Natürlich trugen beide feine Mützen zum Schutz gegen die starken Sonnenstrahlen. Diesmal wollte Frau Kula alleine durch das Wiesentälchen laufen, die wohltuende Ruhe genießen. Das muss auch mal sein! Jeder Mensch hat manchmal das Bedürfnis, mit sich selbst „spazieren zu gehen". Und somit konnte Herr Neumann zusammen mit Eddy einen eigenen, ganz persönlichen Nachmittag organisieren.

Da Eddy ja auch ein eitler Bursche ist, watschelt er täglich vor dem Treffen mit seinen Freunden an den großen Weiher, wo ***Rhenus,*** der Rhein, und ***Danubius,*** die Donau, als monumentale Skulpturen von dem berühmten Bildhauer Peter Anton von Verschaffelt im Wasser verweilen. Schwäne, Gänse, Enten und Karpfen schwimmen umher, und kitzeln den Göttern an den Füßen, aber denken nicht daran, den freundlichen Gruß von Eddy zu erwidern. In der Zwischenzeit macht ihn das Gefühl, von der Tierwelt ausgeschlossen zu sein, nicht mehr ganz so traurig wie früher, als er Herrn Neumann noch nicht kannte. Ja, im Gegenteil. Heute ist er ein selbstbewusster und stolzer Gänserich! Im großen Weiher schaut er von oben herunter ins Wasser hinein, um sein Spiegelbild zu begutachten. Mal nach rechts, mal nach links. „Sehe ich auch gut aus und stimmt alles mit meinem Federkleid?" beäugt er sich kritisch selbst. Am Kopf muss noch eine kleine Feder zurecht gezupft und am rechten Flügel noch eine größere herausschauende schnell versteckt werden.

Alles picobello! Eddy kann sich sehen lassen. Beste Voraussetzung für das *„Lustwandeln"* mit SEINEM Freund – huch, ist das ein passender und wunderschöner Ausdruck von Lebensfreude!

## Die Vogeltränke – Wo ist der PAN?

Anschließend stolziert Eddy an der Vogeltränke entlang, um sich, wie verabredet, mit Herrn Neumann in diesem kleinen Boskett, einem Wäldchen, zu treffen. Sie begrüßen sich herzlich und sind froh, zusammen zu sein. Herr Neumann schmunzelt vergnügt, als er Eddy beobachtet, wie er geschickt auf der Umrandung mit den kleinen glatten Steinchen balanciert. Auf einmal rutscht er aus und fällt tollpatschig ins geschlängelte Bächlein. Herr Neumann muss laut über Eddys Missgeschick lachen. Peinlich … Eddy schämt sich ein wenig, und tut eine Zeit lang so, als ob er Herrn Neumann nicht kennen würde. Lange hält es Eddy natürlich nicht aus und schon geht sein Schnabel wieder auf und zu, um Herrn Neumann eine nette Geschichte zu erzählen.

Vor einiger Zeit beobachtete Eddy die Kinder einer Schulklasse. Sie falteten weiße Papierblätter 13-mal in Form eines Schiffchens zusammen und

legten sie am Anfang der Vogeltränke ins Wasser. Da dieses Zick-Zack-Bad ein leichtes Gefälle aufweist, segelten die Schiffchen durchs Wasser entlang und kamen am Ende eins nach dem anderen alle wieder an … na, ja, … fast alle. Das Schiffchen, das zuerst eintraf, hat natürlich gewonnen! Es ist bekannt, dass auch der Kurfürst früher mit seinen guten Freunden und piekfeinen Gästen in diesem Boskett verweilte. In eleganter Sonntagskleidung! Die Gesellschaft war bester Laune, Liebesbriefe oder Gedichte wurden auf ein Blatt Papier geschrieben, gefaltet und ab ins Wasser damit. Man verbrachte ja die Sommerferien in Schwetzingen und hatte viel Zeit, sich zu amüsieren, wenn man nicht gerade auf die Jagd ging oder Gäste zum großen Spargelessen einlud.

Es ist auch bekannt, dass die Damen am kurfürstlichen Hofe mit ihren 1,60 Meter weiten Reifröcken, mit hohen Perücken und mehreren Schichten Schminke im Gesicht sich ebenfalls gerne vergnügten. Die Kurfürstin Elisabeth Auguste und ihre Freundinnen spielten leidenschaftlich gerne Blinde Kuh, Topfschlagen, Sackhüpfen, Schnepfenjagd und Federball. Wie die Kinder! Dafür gab es sogar einen großen, runden Spielplatz für die erwachsenen Damen in der Nähe der Moschee. Ja, und wo spielten die Kinder?! Traurig, aber wahr, die wurden von morgens bis abends im Schloss unterrichtet. Kindheit, wie man sie heute so kennt, gab es vor 250 Jahren nicht!

## „Wir haben den PAN gefunden“!

Ruhig und langsam spazieren Eddy und Herr Neumann nebeneinander bis zu einer Waldnische, wo der Pan sein „Zuhause“ hat. In der griechischen Mythologie ist er der Gott der Hirten und der Wälder, der Freude an Musik, Tanz und Fröhlichkeit hat. Er sitzt auf einem großen Tuffsteinfelsen vulkanischen Ursprungs, schaut etwas schelmisch auf alle herab und spielt auf seiner Syrinx – besser bekannt als Panflöte. Man sagt sogar, er sei der lächelnde Verführer des Schwetzinger Schlossgartens!

Das Wasser plätschert gemütlich vom Felsen herunter.

Der Pan hat mehrere Gesichter. Er verkörperte in der Antike auch den Schrecken des Waldes als Satyr und Nymphenräuber. Bei Einbruch der Dunkelheit verließ dieses bockfüßige und gehörnte, krummnasige und spitzohrige Mischwesen in früheren Zeiten seinen hohen Felsen und trieb sein Unwesen im Schlossgarten. Vielleicht rannte er sogar hinter den hübschen Wassernymphen und Feen her und zog sie an den Haaren. Dieser Nymphenjäger hat Angst und Schrecken verbreitet. Alle hatten „panische“ Angst vor ihm und sind in „Panik“ geraten.
Heute wohl nicht mehr. Eigentlich ist er ein friedlicher Bürger, der hoch oben auf seinem Felsen nur seine Ruhe haben will. Die hochgewachsenen Bäume rundherum geben ihm und den Besuchern, darunter auch Eddy und Herrn Neumann, das Gefühl der Geborgenheit, der Ruhe. Man kann hier rund um dieses kleine Boskett, ein anmutiges Wäldchen, herrlich Verstecken spielen.

Herr Neumann und Eddy haben sich manchmal auf diesem Platz „gemeinsam“ angeschwiegen, stundenlang sogar, warum auch nicht? Wenn man zu zweit still ist, bedeutet das noch lange nicht, dass man sich böse ist. Eher ist es eine gemeinsame Tätigkeit und ein besinnliches Miteinander.
Da kommt auch eine gewisse Gemütlichkeit auf, man ist ruhig und zufrieden und man schaut sich liebevoll in die Augen. Das reicht manchmal schon, mehr braucht man nicht, um glücklich zu sein, und genau diese klei-

nen und größeren schönen Augenblicke im Leben verbinden Eddy und Herrn Neumann schon über viele Jahre.

Gegenüber vom Pan begrüßt uns die schöne Galathea, dem Bade entsteigend, voller Anmut. Zu ihren Füßen umwirbt sie ein alter Triton, ein Meeresgott, der der Meerjungfrau seine Liebe mit einem Kranz aus Muscheln und Perlen zeigen möchte.

## Die „berühmte" Bank im Arboretum

Herr Neumann spricht mit Elan und Begeisterung über seine Nachmittage mit Eddy. „Jeden Tag empfängt Eddy uns mit lautem Geschnatter am Seiteneingang des Schlossgartens – das Dreibrückentor am Maschinenweg – und führt uns zu unserer Bank im Arboretum. Ja, es ist immer dieselbe Bank. Ganz selten mal auf den Bänken im Schlossgarten. Eddy hält sogar die Bank für uns frei, wie ein Wachhund passt er auf. Wenn er mal nicht gut drauf ist, dann wird er angriffslustig. Und wehe dem Besucher, der auf unsere Bank Platz nehmen möchte, bevor wir kommen. Oh je, dann beißt er die mit lautem Geschnatter so lange in die Beine, bis sie Reißaus nehmen. Er hat einige ganz schön, auch durch dicke Hosen, in die Wade gebissen. Und das tut weh, wenn er richtig zugebissen hat. Sogar das Aufsichtspersonal vom Schlossgarten, das mit dem Fahrrad immer unterwegs ist, beißt er immer in den Fahrradmantel. Der eine Große, der sich einmal zu uns auf die Bank setzte, konnte nicht lange bleiben.

Eddy hat den so lange malträtiert und hart ins Bein gebissen, bis er sein Fahrrad nahm und schimpfend wieder abschwirrte.

Eddy bewacht uns so lange, wie wir auf der Bank sitzen. Frau Kula und ich auf der Bank und Eddy vor unseren Füßen im Gras! Dann unternehmen wir gemeinsam einen einstündigen Rundgang durch den Park, den Eddy wie immer spielend schafft. Guter Laune watschelt er vor uns her, immer vorneweg. Alle Augenblicke schaut er sich natürlich um, und kontrolliert, ob wir auch brav nachkommen! Alle Besucher, die wir treffen, schauen verwundert auf Eddy, und wir müssen viele Fragen beantworten und von Eddy erzählen. Die meisten Besucher sind ja nette Leute. Aber einer tanzte aus der Reihe und hatte tatsächlich die Frechheit uns zu fragen, ob Eddy eine gute Weihnachtsgans abgeben würde. „NIEMALS“, sagten wir sehr laut und böse, „nie im Leben!“ und baten ihn auf der Stelle zu verschwinden, sonst hätten wir ihm Eddy an die Waden geschickt.“

Herr Neumann fährt fort mit seinen geistreichen Erzählungen: „Das alles sind Tatsachen. Auch irgendein anderes Tier kann Eddy bei einem Spaziergang nicht bei sich haben. Das jagt er einfach weg. An manchen Tagen war ein Pfau zu Gast, den Eddy überhaupt nicht leiden konnte. Der Pfau wollte imponieren und schlug stolz sein großes und buntes Rad vor uns auf. Erstmals staunte Eddy nicht schlecht, aber dann, wie ein Blitz, stürzte er sich auf den erschrockenen Pfau. Ja, ja, den hat er einfach weggejagt, und den Reiher, der da dumm rumstand, ebenfalls.

Einmal wurde der Gänserich Eddy von einem größeren Hund angefallen. Gott sei Dank, wurde er nur leicht verletzt. Seitdem darf kein Hund

mehr in seine Nähe kommen. Also, auf Hunde hat er es wirklich abgesehen. Jeder Hundebesitzer, der mit einem Hund vorbeikommt, muss diesen auf den Arm nehmen und in einem großen Bogen um die Bank herumgehen. Und dann bloß weg, schleunigst weiter durch den Park und aus der Sicht von Eddy verschwinden.

Neulich kam ein ahnungsloser Besucher mit seinem noch ahnungsloseren Hund gemütlich vorbei. Eddy fauchte. Flügel auf und zu, mit einem unruhigen Blick und laut schnatternd, stürzte er sich kampflustig in Richtung Hund. Eddy ging auf's Ganze und flog auf den Rücken des Hundes. Ohne Angst hat er ihn gezwickt und gebissen. Den großen Hund mit seinem fluchenden Herrchen hat man nie wieder in Schwetzingen gesehen.

Hier noch eine weitere Geschichte in diesem Zusammenhang. Es handelt sich um einen Schlossgartenbesucher mit Hut, der meines Erachtens im Auftrage der hiesigen Brauerei zwei kleine braun-weiß-gescheckte kurzbeinige Hunde fast täglich im Park ausführt. Die Hunde sehen wie Zwillinge aus

und kläffen immer! Entweder kläffen sie andere an oder sich selbst, aber sie kläffen immer. Sie springen sich auch gegenseitig an und sind unruhig bis zum Gehtnichtmehr. Dieser kleine alte Mann, immer mit Hut, und die beiden laut um die Wette bellenden Vierbeiner waren einmal zu sehr mit sich selbst beschäftigt und haben Eddy übersehen. Das war ein großer Fehler, denn Eddy ist wie wild auf alle drei losgegangen. Da spielten auf einmal alle verrückt. Einer der Hunde hat sich losgerissen und ist abgehauen, auf und davon. Herrchen mit Hut und Eddy mit Wut, beide dem Ausreißer hinterher, aber wie! Und seitdem laufen die drei Geschädigten nicht mehr an uns vorbei, sondern gehen hinten an der Mauer entlang, schnurstracks nach Hause", lächelt Herr Neumann verständnisvoll für beide Parteien.

## Bibi, die Biberratte

Herrn Neumann fällt auf einmal auf, dass Eddy in der letzten Zeit eine neue gute Freundin gefunden hat, nämlich eine große Biberratte, auch Nutria genannt. Im Gegensatz zum Eddy mit seinem schneeweißen Federkleid, ist Bibi – wie Eddy sie liebevoll nennt – ein Pelztier mit rotbraunem Fell. Sie hat eine Körperlänge von ca. 60 cm und wiegt so um die 10 kg. Ihr runder kaum behaarter Schwanz ist zudem 30 bis 45 cm lang. Dieses kurzbeinige Nagetier kommt immer wieder bis zur berühmten Eddy-/Neumann-Bank, in der Hoffnung ihren Freund Eddy dort zu treffen. Auch das frische Gras um die Bank herum ist besonders schmackhaft. Bibi ist nämlich Vegetarierin, ernährt sich also vorwiegend von Blättern, Stängeln und Wurzeln von Wasserpflanzen. Sie wird von Tag zu Tag zutraulicher, und lässt sich sogar schon anfassen bzw. streicheln.

Herr Neumann klärt Eddy auf: „Weißt du, Eddy, deine nette neue Freundin, die Nutria, hat großes Glück, im Schwetzinger Schlossgarten zufrieden in Freiheit leben zu können. Früher wurden Biberratten auf Pelztierfarmen gezüchtet, denn aus dem schönen und wertvollen Nutriafell schneiderte man teure Pelzmäntel für die feinen Damen."

Im Schlosspark wohnen Biberratten in selbstgegrabenen Höhlen zwischen dem Schilf im Uferbereich der verschiedenen Gewässer. An den Hinterfüßen haben Biberratten Schwimmhäute, so dass sie gute Schwimmer sind, auch unter Wasser.

„Es ist immer eigenartig", lacht Herr Neumann. „Unsere Bibi hat vorne so zwei auffällig große gelbe, nein, orangefarbene Nagezähne, und wenn jetzt jemand vorbei kommt, sie zufällig da ist und sie beim Grasfressen stört, da macht die immer einen Satz nach vorne und alle rennen vor Schreck weg. Manche Besucher kommen ja ziemlich nahe heran, stehen praktisch dicht vor der Bibi. Wie ein Blitz springt sie dann in Richtung der Neugierigen, verteidigt ihr Revier, und Eddy und ich amüsieren uns köstlich. Das ist richtig saukomisch!"

Fleißigen Schlossgarten-Besuchern fällt auf, dass in letzter Zeit nur sehr selten Biberratten zu sehen sind.

## Die Orangerie

Vor hunderten von Jahren schätzte man in ganz Europa Orangerien. Alle Königshäuser besaßen eine. So auch der Kurfürst Carl Theodor von der Pfalz. Er ließ sich vom großen Baumeister Nicolas de Pigage eine Orangerie bauen, 170 Meter lang, 2.000 Quadratmeter groß, außen mit Fassadenmalerei und innen mit Lehmfußböden. Das Gebäude diente ursprünglich zur Überwinterung von seinen weit über 1.000 Kübelpflanzen, darunter exotische Gewächse wie Granatäpfel, in großen Mengen Zitrusfrüchte, wie z.B. Orangen, Zitronen, Pampelmusen und Pomeranzen (für die bittere Marmelade!). Sogar 200 Ananaspflanzen sind verzeichnet. Lateinamerika-

Reisende kamen zurück mit Samen von Palmen, die zuerst im Orangerie-Garten eingepflanzt und im Winter in das Orangerie-Gebäude gebracht wurden. Es gab Listen von tausenden von Pflanzen, die der Kurfürst Carl Theodor in seinen großen Schlossgarten von seinen vielen Gärtnern einpflanzen ließ. Einige davon hätten den kalten Winter nicht überlebt, wenn sie nicht zum Schutz in die Orangerie gekommen wären.

Die Modegetränke im 18. Jahrhundert – ***heißer Kaffee und heiße Schokolade!*** – ließ sich die Kurfürstliche Gesellschaft in Schwetzingen gut schmecken. Denn über 70 Kaffeebäume wurden in großen Kübeln im Schlossgarten eingepflanzt. Die kleinen roten Kaffeebeeren wurden geerntet, geröstet und dann als heißes Getränk genossen. Interessante Gäste, wie Schiller, Mozart, Voltaire, Lessing, Gluck usw. sind gerne in den Sommerferien nach Schwetzingen gekommen. Es wurde ja viel musiziert, getanzt, philosophiert, Karten und Schach gespielt und wenn man dann von der großen Jagd zurückkehrte, wurde man hier mit ***heißem Kaffee*** oder mit einer ***heißen Schokolade*** verwöhnt. Man hat früher eben gerne damit angegeben, die Modegetränke servieren zu können. Das war immer ein Höhepunkt.

Im Frühling kamen alle Pflanzen raus in den Garten, den ganzen Sommer über gediehen sie prächtig und Ende des Herbstes wurden sie wieder in die Orangerie hereingebracht. Alle Jahre wieder. Große gusseiserne Öfen auf Rädern, 15 insgesamt, wurden in der Orangerie auf dem Lehmfußboden verteilt, damit alle Pflanzen die richtige und notwendige Temperatur erfahren konnten.

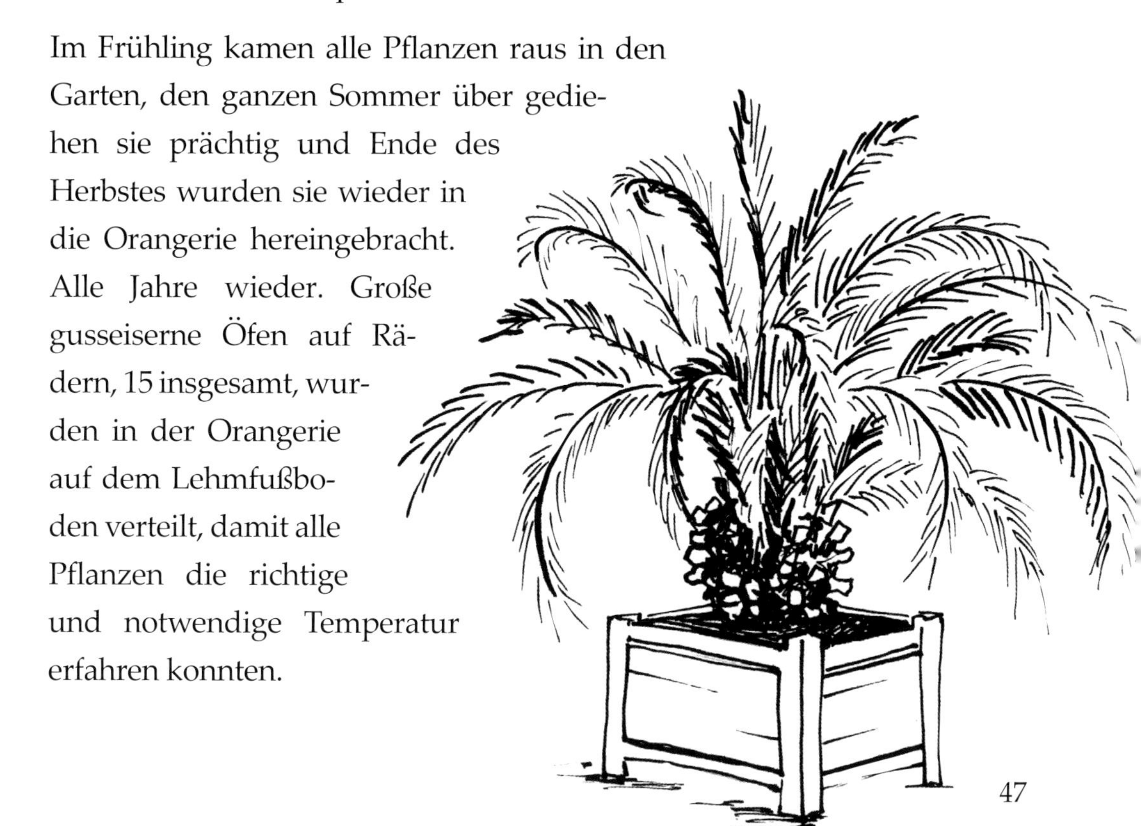

Eddy liebt dieses Gebiet um die Orangerie herum. Typisch Wasservogel! Fließendes, kühles Wasser in den symmetrisch gezogenen Wasserstraßen vor der Orangerie. Der Leimbach und zwei Wasserwerke gewährleisten die perfekte Versorgung aller Springbrunnen und Wasserspiele im Schlossgarten, sowie die Bewässerung sämtlicher Pflanzen und Rasenflächen. Die vielen Bächlein, Seen und Weiher sind natürlich auch die beliebten Schwimmbecken für alle Schwäne, Gänse und Enten. Ach, tut das gut! Hauptsächlich im Sommer genießt Eddy eine Abkühlung im fließenden Wasser am Orangerie-Garten, wenn er sich auch maßlos über die vielen dicken, fetten und aufdringlichen Karpfen ärgert, die ihn dauernd kitzeln.

## Der Apollo-Tempel – Das Naturtheater

Herr Neumann und Frau Kula kommen ja jeden Nachmittag zur selben Zeit durch das Dreibrückentor am Seiteneingang des Schlossgartens. Eddy wartet schon. Wie jeden Tag begrüßt man sich mit lautem Geschnatter, mit Hallis und Hallos, als ob man sich ewig nicht gesehen hätte, und dann geht es im Gänsemarsch in Richtung Arboretum. Eddy immer vorneweg, Frau Kula hinterher und zum Schluss Herr Neumann mit seinem Rollator, besser gesagt „Gehhilfe“, das klingt irgendwie etwas freundlicher.

An einem x-beliebigen Nachmittag entschied Eddy sich spontan für eine andere Richtung. Er hatte einfach keine Lust auf „seine“ Bank und brauchte einmal Abwechslung. Es kam noch hinzu, dass er kürzlich einer Schlossgartenführerin, die Besucher von einer Sehenswürdigkeit zur anderen führte, genau zuhörte. Und höre und staune, Eddy erkannte, dass in der Zwischenzeit seine Deutschkenntnisse schon so gut geworden sind, dass er so ziemlich alles verstehen konnte. Nun möchte er Herrn Neumann und Frau Kula seine neuen Erfahrungen gerne mitteilen und zeigen. Er watschelt schnurstracks zum Apollo-Tempel – eine phantastische Kulisse für ein Naturtheater unter freiem Himmel! – und seine beiden Freunde marschieren brav hinterher.

## Erstmals an den Sphingen vorbei

Vor dem Apollo-Tempel bewachen sechs Sphingen das gesamte Gebiet. Eddy erinnert sich: „Sphingen sind antike ägyptisch-griechische Wesen, mit dem Körper eines Löwen und dem Kopf einer Königin. Sie hatten früher und auch heute noch eine Wächterfunktion, das heißt, sie passen als Hüterinnen scharf auf, dass alles richtig läuft, dass sich ja niemand daneben benimmt, dass nichts kaputt geht, dass jeder seinen eigenen Müll mitnimmt und nichts liegenlässt, und dass sich bloß niemand in den Labyrinthen des Gartens verläuft. Sphingen waren sozusagen die Polizei in der Antike!"

Sphingen waren auch dafür bekannt, dass sie Besuchern, die sich einer Stadt näherten, schwierige Aufgaben stellten. Konnten die gelöst werden, durfte man die Stadt betreten, wenn nicht, wurde man böse bestraft oder verbannt, bei falscher Antwort sogar gefressen. „Das Rätsel der Sphinx" war gefürchtet. Hier ein Beispiel:

„Es ist am Morgen vierfüßig, am Mittag zweifüßig, am Abend dreifüßig. Von allen Geschöpfen wechselt es allein mit der Zahl seiner Füße; aber eben wenn es die meisten Füße bewegt, sind Kraft und Schnelligkeit seiner Glieder ihm am geringsten."
Eddy verrät uns gerne die Lösung: „Es ist der MENSCH , der am Morgen seines Lebens, solange er ein Kind ist, auf zwei Füßen und zwei Händen krabbelt. Ist er erwachsen geworden, geht er am Mittag seines Lebens auf zwei Füßen, am Lebensabend, als Greis, bedarf er der Stütze und nimmt den Stab als dritten Fuß zur Hilfe."

In Schwetzingen hält eine Sphinx ihre Tatze beschützend auf den Kurhut des Kurfürsten hier in der Kurpfalz, eine zweite auf Büchern, denn die Weisheit ist hier zu Hause. Die 3. und 4. verkörpern Komödie und Tragödie, die 5. und 6. Musik und Tanz, also ein sehr musisches Areal.

### Und nun zum Apollo-Tempel: erst runter und dann rauf

An den Sphingen vorbei, steht plötzlich ein imposanter Rundtempel vor den Besuchern, der auf künstlichen Felsen aufgebaut ist. Es handelt sich um das luftige Zuhause des Sonnengottes Apoll, Gott des Lichtes. Der gutaussehende Apollo ist ja ein Grieche und auch noch ein Gott dazu. Als Sohn des Obergottes Zeus ist Apollo einfach eine beeindruckende Persönlichkeit. Er hat seinen eigenen Tempel auf 12 Säulen mit einer wunderschönen Kassetten-Stuckdecke. Eine goldene Sonne schaut von der Decke auf ihn herab, als ob sie ihn wärmen oder schützen wollte. Apollo stellt nämlich ein antikes Kunstwerk dar, ist nackig, wie viele andere Gestalten in der Kunstwelt auch. Er wurde von dem bekannten Hofbildhauer Peter Anton von Verschaffelt aus italienischem, weißem Carrara-Marmor heraus gemeißelt. Apollo steht den ganzen Tag auf seinem Marmorsockel, hat sich an hiesige Temperaturen gewöhnt, und damit es ihm nicht langweilig wird, spielt er ununterbrochen auf seiner Leier, einem Zupfinstrument, das auch Lyra genannt wird. Und … schaut mal genau hin: Apollo spielt mit links! Der Schwetzinger Apollo ist eben Linkshänder! Seine Götterkollegen machen sich manchmal etwas lustig über ihn. Das stört ihn überhaupt nicht. Er äußert sich dann dazu, nur mit einem Satz, und … der „sitzt“! „Was wäre ich denn für ein erbärmlicher Gott, wenn ich nicht mit beiden Händen spielen könnte.“ Und das tut er auch: Manchmal mit rechts und am nächsten Tag vielleicht mit links.

Apollos Tempel wurde auf aufgetürmte Felsbrocken gebaut mit unterirdischen, finsteren Grottengängen, die zum Teil aus Tuffstein vulkanischen Ursprungs bestehen. Wie ein Labyrinth führen die dunklen Wege nach mehreren Richtungen. Durch verschiedene Öffnungen dringt das Tageslicht spärlich herein. Eddy und viele Kinder lieben es, in den Höhlen des Apollo „Verstecken“ und „Fangerles“ zu spielen. Und wenn dann auch noch fröhlich geschrien wird, schallt das doppelt und dreifach so laut durch die gesamte Anlage.

Sehr nachdenklich werden Eddy und Herr Neumann, wenn sie an die Symbolik denken, die die Künstler vor 250 Jahren hier zum Ausdruck bringen wollten. … Im wirklichen Leben erfahren wir ja immer wieder solche Situationen: Manchmal MUSS man erst schwierige Pfade durchschreiten, vielleicht etwas dunkle Wege begehen, um am Ende ans Licht zu gelangen, an ein glückliches Ziel!
Dann wird man in Schwetzingen auf einmal von großen vergoldeten Sonnen begrüßt. Insgesamt sind es genau so viele, wie das Jahr Wochen hat. Eddy stellt dann schelmisch allen die Frage: „Und wie viele Sonnen sind es nun?"

**Oben auf dem Tempel**

Steht man oben direkt neben dem weißen Marmor-Apollo, sieht man zwei Kirchtürme: Der Rechte, der hübsche Zwiebelturm, gehört zur katholischen Pankratius-Kirche, und der Turm links steht auf der evangelischen Kirche. Lassen wir unsere Augen in die Ferne schweifen, erkennt man ganz hinten am Horizont im Osten den Königstuhl in Heidelberg. Sehr interessant ist die Tatsache, dass das Schwetzinger Schloss in einer geraden Linie zum Heidelberger Schloss steht. So hat man früher gebaut, und zwar in ***Sichtachsen, „Points de vue"***, wie man das in Französisch in der Baukunst nennt. Die adlige Gesellschaft hat nämlich früher überwiegend Französisch gesprochen.

Auf der gegenüberliegenden Seite – im Westen – erkennt man die Kalmit, der höchste Berg in der Pfalz. In einer geraden Linie in Richtung Norden kommen wir zum Mannheimer Schloss und in den Süden nach Karlsruhe und Bruchsal. ***Sternallee*** war in diesem Zusammenhang auch ein baulicher Begriff!

**Was ist eigentlich ein Naturtheater?**

Antwort: Ein traumhaft schönes Schauspiel unter freiem Himmel um den ***Apollo-Tempel*** herum!

Lassen wir unserer Phantasie freien Lauf. Stellen wir uns vor, wir befinden uns in der Gesellschaft des kurfürstlichen Hofstaats.

Bei Einbruch der Dunkelheit wird die erste grüne Rasenfläche für die elegante Gesellschaft bestuhlt. Auf der nächsten grünen Wiese, etwas angehoben, tanzt ein zauberhaftes Ballett. Weiter in Richtung Tempel kommen rechts und links vom Najadenbrunnen (Wassernymphen) die Opernsänger die Stufen herunter und singen ihre Melodien. Es ertönen himmlische Orchesterklänge, und zwar versteckt rechts oder links hinter den Hecken, so dass das ganze Spektakel auch ***Heckentheater*** genannt wird. Phantastisch! Der Apollo-Tempel selbst wird mit Fackeln angestrahlt.

Wenn Flöten erklingen, mischt sich die gesamte Vogelwelt im Schlossgarten lautstark ein. Durch einen stärkeren Luftzug fliegen die Musikno-

ten durcheinander. Alles halb so schlimm! Denn was zählt, ist die bezaubernde Atmosphäre, romantisch, wunderschön und einmalig.

Schade, wirklich schade, dass solche oder ähnliche Aufführungen, sei es Theater, Musik oder Tanz, heute so selten stattfinden.

## Joannes Chrysostomus Wolfgangus Theophilus Mozart

wurde 1756 in Salzburg geboren. Als Kind war sein Rufname Wolferl und als Erwachsener nannte er sich selbst meist Wolfgang Amadé Mozart. Er ist sehr jung gestorben, wurde nicht ganz 36 Jahre alt.

Im Jahre 1763 kam Mozart als siebenjähriger „Wunderknabe" das erste Mal nach Schwetzingen, begleitet von seiner größeren Schwester Nannerl, die Geige spielte, und seinem Papa Leopold. Da der Kurfürst Carl Theodor und seine Gattin Elisabeth Auguste sehr musikalisch waren, befahlen sie in den Sommermonaten hier in Schwetzingen abendliche Akademien. Anlässlich solcher festlichen musikalischen Veranstaltun-

gen hat das Wunderkind aus Österreich seine eigenen Kompositionen am Klavier vorgespielt. Die höfische Gesellschaft war begeistert. Mozart wurde gefeiert!

Am nächsten Tag hat Papa Leopold Mozart einen Brief nach Salzburg geschrieben und darin stand: ***„Das Orchester in Schwetzingen ist ohne Widerspruch das beste in Teutschland. Lauter junge Leute und durchaus von guter Lebensart, weder Säufer, noch Spieler, noch liederliche Lumpen. Meine Kinder haben ganz Schwetzingen in Bewegung gesetzet.“***

Ja, warum war das Orchester in Mannheim und Schwetzingen so berühmt?

Ein Komponist namens Stamitz hat im 18. Jahrhundert die Mannheimer Schule gegründet bzw. entwickelt. Das war eine neue musikalische Richtung, die einem Orchester durch Disziplin zu einem wunderschönen Klang verhalf. Jede Instrumentensparte hatte ihren richtigen Platz im großen Orchester gefunden. Dadurch wurde solch eine musikalische Qualität erreicht, dass viele Orchester und Komponisten in Deutschland und auch in Europa hierher hörten und die Mannheimer Schule kopierten, bzw. sich danach richteten.

Lieber Eddy, liebe Kinder und liebe Erwachsene! Mozart ist heute weltweit bekannt. Eine leckere Praline ist nach ihm genannt, die „Mozartkugel, hm … hm … Schaut mal, wer auf der €-1,00-Münze aus Österreich abgebildet ist – Mozart! In den vielen großen Konzerten auf allen Kontinenten spielen die Musiker heute noch stets Mozart, immer erfolgreich, sehr beliebt und niemals altmodisch. In allen Sprachen gibt es diesbezüglich eine Unmenge von Informationen für Erwachsene und für Kinder. Mozart ist immer noch aktuell!

Und abschließend möchte ich Euch die wunderschöne und bunte Oper „Die Zauberflöte“ von Mozart ans Herz legen. Sie wird immer mal wieder in unserem Rokoko-Theater aufgeführt und Ihr solltet bei der nächsten Gelegenheit unbedingt dabei sein!“

Herr Neumann beendete hiermit seinen Vortrag über das Genie Mozart. Seine Augen leuchteten, und er war sehr glücklich darüber, Eddy und anderen Kindern ringsherum das Phänomen „Mozart“ nähergebracht zu haben. Eddy selbst zappelte von einem Fuß zum anderen, denn auch er liebte die Musik von Mozart und hat sich nun fest vorgenommen: „Bei der nächsten Aufführung in „meinem“ Rokoko-Theater werde ich mich heimlich hinter der Bühne verstecken, um den zauberhaften Klängen vom Wolfgang Amadeus zu lauschen.“

## Die Hofgans im Winterquartier

Herr Neumann weiß alles über die „Hofgans“ Eddy. Man kann sie ruhig so nennen, denn immerhin lebt Eddy am früheren Hofe des mächtigen Herrschers Carl Theodor, des Kurfürsten von der Pfalz.

„Eddy von Schwetzingen“, denkt Herr Neumann mit so einem schelmischen Ausdruck laut vor sich hin … Eine adlige Gans … Das wäre doch was! Wer kann das schon von sich behaupten!?

Auf Anfrage erzählt Herr Neumann gerne, wie das Leben zur Winterzeit im Revier unseres Gänserichs Eddy verläuft.

„Eddy verbringt den Winter selbstverständlich im Garten. Sein kompaktes Federkleid ist ein Kunstwerk der Natur, denn die einzelnen Federn sind mit kleinen Häkchen versehen, so dass alle Federn ineinander greifen. Somit ist der Gänsekörper vor Kälte geschützt. Gänse erfahren dementsprechend keinen Frost, spüren keine Kälte, auch Temperaturen von minus 35 Grad schaden ihnen überhaupt nicht. Aus demselben Grund empfinden sie auch keine Hitze.

Eddy war einmal sehr krank. Es ging dem Herbst zu und die schönen weißen glänzenden Federn auf seinem Rücken fehlten, fielen genauer gesagt aus. Der Tierschutzverein wurde informiert und wollte sich seinen Rücken anschauen, kam jedoch gar nicht an ihn heran. Das war doch dem Eddy nicht recht, von fremden Leuten untersucht zu werden. Er verschwand „über alle Beete". In der Apotheke besorgten wir uns ein beruhigendes Mittel für seinen Rücken. Aber als wir diese Spraydose herausholten, wusste Eddy sofort Bescheid und ist weggelaufen.

Wir machten uns große Sorgen um Eddy mit dem nackigen Rücken in der herankommenden Winterzeit. Wir hatten Angst, er könnte erfrieren. Nach einer ganzen Weile, nach ca. zwei Monaten war er wieder fit. Die Mutter Natur hatte wohl ihr Händchen und ihr Herz dabei im Spiel gehabt.

Während der Winterzeit gehen Herr Neumann und Frau Kula nicht so oft in den Schlossgarten. Wenn es regnet auch nicht. Bei Schneefall kommt Herr Neumann schlecht mit seiner Gehhilfe voran.

„Aber wenn der Frühling dann erwacht", berichtet Frau Kula, „dann treffen wir uns alle wieder. Und dann geht das ganze Theater von vorne los. Da ist Eddy wieder am Seiteneingang des Schlossgartens zu sehen. Er wartet schon sehnsüchtig auf uns und kommt mit freudigen Flügelschlägen auf uns zu. Und er schnattert aufgeregt und laut zu unserer Begrüßung. Eddy steht dann vor dem Rollator des Herrn Neumann und ta, ta, ta, ta schnattert er, als ob er uns etwas erzählen wollte. Mit seinem gelben langen Schnabel schnuppert er an uns herum und freut sich wie verrückt, ja wie ein Schneekönig, aber wie!"

Herr Neumann ergänzt dazu ganz aufgeregt: „Einige Menschen denken vielleicht, dass wir spinnen, aber all das ist wahrhaftig eine wahre Geschichte. Wir haben durch Eddy viele Menschen kennengelernt, und die bestätigen alle diese Tatsachen. Der Eddy ist wie ein Hund, wie ein treuer anhänglicher Hund. Vielleicht sogar etwas mehr … Besser noch, denn er braucht keine Leine, der Eddy …"

## Das Badhaus

Das Badhaus ist ein kleines architektonisches Juwel im großen Schlosspark. Carl Theodor, als Herrscher über sieben Länder, musste ja dauernd repräsentieren, das heißt immer lächeln, gute Laune zeigen, alle fünf Sinne immer in höchster Anspannung, für alle Untertanen „ein offenes Ohr" haben und immer freundlich nicken. Das ist sehr anstrengend. Nach den vielen politischen und gesellschaftlichen Pflichtveranstaltungen in den adligen Kreisen, nach den kräftezehrenden Jagdausflügen und nach den pompösen Festen und Feiern im großen Schloss konnte er sich in seinem eigenen, kleinen, aber prachtvollen „Refugium" so richtig schön erholen. Ein Refugium ist ein besonderer Ort, vielleicht etwas versteckt, wo man sich zurückziehen und auch mal alleine sein kann, Tür zu und einfach „Mensch" sein. Das braucht doch jeder einmal oder sogar mehrmals im Leben, nicht wahr? Auch Herr Neumann und der Eddy, du und ich – wir alle!

Der Kurfürst hatte damals „die Schlüsselgewalt" im Badhaus, das heißt er bestimmte, wer ihn dort besuchen durfte. Nicht jedermann war willkommen, nein, nur auserwählte Gäste, interessante Menschen. Man reiste ja nicht so viel wie heute, vielleicht mal nach Italien. Deshalb freute man sich auf geistreiche, gebildete, nette und freundliche Besucher, von denen man etwas Neues erfahren und lernen konnte. In

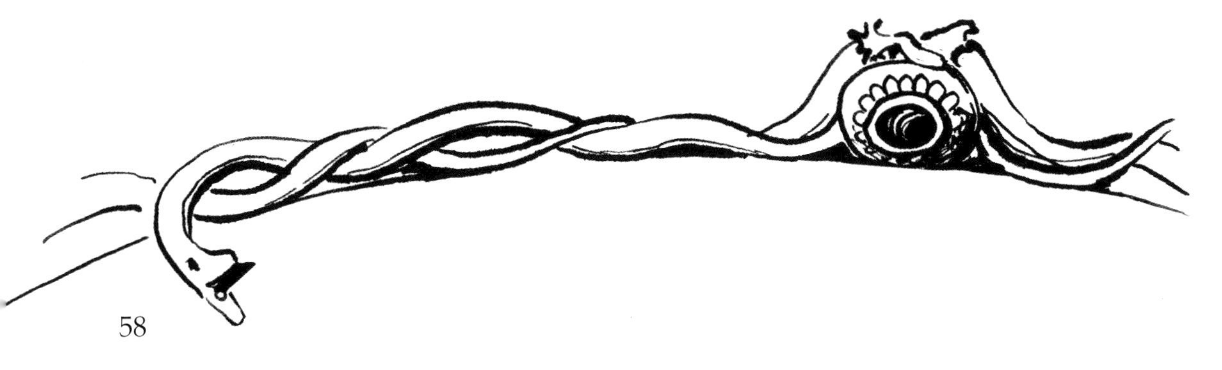

erster Linie waren es Musik-Liebhaber, denn Carl Theodor hat leidenschaftlich gerne bis tief in die Sommernächte hinein musiziert und festlichen Konzerten beigewohnt. Er selber spielte Querflöte und Gambe, den Vorgänger des Cellos. Wolfgang Amadeus Mozart war einer seiner Lieblingskomponisten. Deshalb wurde auch er nach Schwetzingen eingeladen. Außerdem rezitierte man gerne, sagte also Gedichte auf, und philosophierte über die große weite Welt.

Wenn heute Tausende von Besuchern alljährlich in den Schlossgarten strömen, ist das Badhaus ein beliebtes und sehenswertes Ziel. Am Eingang muss man Filzpantoffeln über die eigenen Schuhe stülpen – Einheitsgröße! – um den Marmorboden im Innenbereich nicht zu gefährden. Gänse und Tiere im Allgemeinen haben keinen Zutritt. Eddy ist schon etwas verärgert darüber, aber was soll's?! Die Menschen haben eben ihre eigenen Gesetze. Während Herr Neumann und Frau Kula hineingehen, muss Eddy draußen warten. Schlechter Laune natürlich.

Nach der Besichtigung berichtet Herr Neumann begeistert von dem schönen Schlösschen. Eddy beruhigt sich wieder und hört aufmerksam den Schilderungen von Herrn Neumann zu.

„Der Hofbaumeister Nicolas de Pigage errichtete das Badhaus im Stile eines klassizistischen Baus, eigentlich für den heutigen Wohnbedarf sogar modern. Der eine oder andere würde liebend gerne solch ein perfekt symmetrisches Schlösschen auf seinem Grundstück besitzen. Im wunderschönen ***ovalen Entrée***, das ist das französische Wort für Eingang, schaut man hinauf auf ein beeindruckendes Deckengemälde, das uns Aurora, Göttin der Morgenröte, zeigt, wie sie die Nacht vertreibt. Ganz toll! Überall sind schöne Stuckarbeiten zu sehen und in Nischen stehen vergoldete Figuren. Geht man nach rechts kommt man zu einem kleinen ***chinesischen Teezimmer*** mit chinesischen Wandtapeten, wo auch die Möglichkeit bestand, einen guten Tee für den Kurfürsten und seine Gäste zuzubereiten.

Gegenüber findet man das ***Arbeitszimmer*** von Carl Theodor, das mit feinen, stilvollen Möbeln ausgestattet ist, seinem Schreibtisch sowie Landschaftsgemälden.

Sein ***Schlafzimmer*** auf der linken Seite ist ja auch etwas Besonderes. Ein riesiger Leuchter aus der kurfürstlichen Porzellanmanufaktur in Frankenthal hängt tief von der Decke herunter, bunt und glänzend. Mit meiner Größe musste ich schon arg aufpassen, nicht mit dem Kopf daran anzuschlagen", sagte Herr Neumann schmunzelnd. Eddy lacht sich kringelig bei dieser Vorstellung! Herr Neumann führt fort: „Darin steht ein viel zu kleines und kurzes Bett des Kurfürsten. Warum? Man hatte damals eine andere Körperhaltung, man schlief halb im Sitzen. Beine ausgestreckt und eine Menge Kissen im Nacken und im Kreuz. Da ließ es sich besser schnaufen und husten. Man trug ja damals hohe Perücken mit dem eigenen Haar verflochten und viele Schichten weiße Schminke, um sich vor infektiösen Krankheiten zu schützen. All das konnte man doch nicht jeden Tag erneuern, und somit schlief man eben halb im Sitzen. Hinter dem Bett befindet sich die Retirade, die französische Bezeichnung für „das stille Örtchen". Außerdem ist dort sein persönlicher Leibstuhl, die tragbare Toilette, zu sehen, die man nicht unbedingt mit anderen teilen wollte.

Und jetzt kommt das Wichtigste: ***DAS BAD!***

Der Baderaum ist wahrhaft mit fürstlichem Prunk ausgestattet. Aus vergoldeten Schlangenköpfen kam kaltes und warmes Wasser heraus, um das große tiefliegende Marmorbassin zu füllen. Bänke – auch aus Marmor – sind rundherum angebracht. Darüber eine Öffnung zum Himmel hinaus, damit das Tageslicht eindringen kann. Beeindruckende Stuckarbeiten an den Wänden. Die Decke ist mit Halbedelsteinen, Spiegeln und Muscheln geschmückt. Luxus pur!

Wer auf dieser Welt hatte auch so ein phantastisches Bad? Niemand! Nur unser Kurfürst!" Damit beendet Herr Neumann seine Eindrücke über seinen Besuch im Badhaus.

Eddy konnte sich nun gut vorstellen, wie das Badhaus aussah. Er hat sich insgeheim vorgenommen, bei nächstbester Gelegenheit, diesem Schmuckstück im Schwetzinger Schlossgarten auch einen Besuch abzustatten. Sicherlich würde das gar nicht groß auffallen, wenn Eddy mal kurz reinschauen würde – mit Filzpantoffeln natürlich!

## Von den Wasserspeienden Vögeln … bis zum Ende der Welt

Das ist etwas für Eddy, eine Fabel. Da fühlt er sich in seinem Element. Da fühlt er sich angesprochen.

Was sind eigentlich Fabeln? Fabeln sind volkstümliche kurze Erzählungen, in denen es vor allem um Tiere geht, die einige menschliche Eigenschaften besitzen. Hallo, Eddy! Aus einer Fabel kann man meistens etwas lernen und am Ende der Geschichte wird einem klar, was das Richtige und das Falsche im Leben ist.

Also, einer alten Fabel nach, ist es in der Tierwelt nicht üblich, dass ein Tier ein anderes seinesgleichen tötet. Ein Hund tötet zum Beispiel nicht einen anderen Hund und ein Vogel darf keinen anderen Vogel töten. Aber im Schlossgarten zu Schwetzingen hat ein böser Uhu, ein Raubvogel, in der Vergangenheit einem anderen Vogel, also einem Artgenossen, den Hals umgedreht,

und das gehört sich nun einmal nicht. Die gesamte Vogelwelt im Park war maßlos empört darüber, hat sich zusammengetan und beschlossen, diesen Uhu zu bestrafen, indem sie ihn beschimpfen und bespucken.

In der Mitte der Brunnenlaube befindet sich ein Baumstumpf, auf dem der Uhu einen von ihm geschlagenen Vogel in seinen Krallen hält. Unterschiedliche Vögel haben sich oben im Kreis versammelt, um dem Uhu in Form von Wasserstrahlen ihre Missachtung kund zu tun. Die nach oben schauenden Besucher werden eine Gans, einen Hahn, einen Truthahn, einen Fasan, einen Wiedehopf, einen Kakadu, einen Reiher, einen Eichelhäher, einen Auerhahn, eine Taube, ein Huhn sehen. Oh, der eine oder andere Vogel, den ich vielleicht vergessen haben sollte zu erwähnen, möge mir bitte nicht böse sein. Vielleicht wird er noch von großen und kleinen Besuchern entdeckt!

Eddy wollte eigentlich nichts damit zu tun haben, sich lieber raushalten. Da er jedoch „als Außenseiter" keinen Ärger mit den anderen bekommen wollte, und natürlich auch aus eigener tiefster Überzeugung, protestierte er aus Solidarität laut gegen das Unrecht in der Vogelwelt. Mit Flügelschlägen und aus langgestrecktem Hals brachte er seinen Unmut lautstark zum Ausdruck. Er amüsierte sich zwar heimlich über das ganze Vogeltheater, musste sich da aber kräftig einmischen. Langsam läuft er um den Uhu-Brunnen herum in Richtung „Ende der Welt".

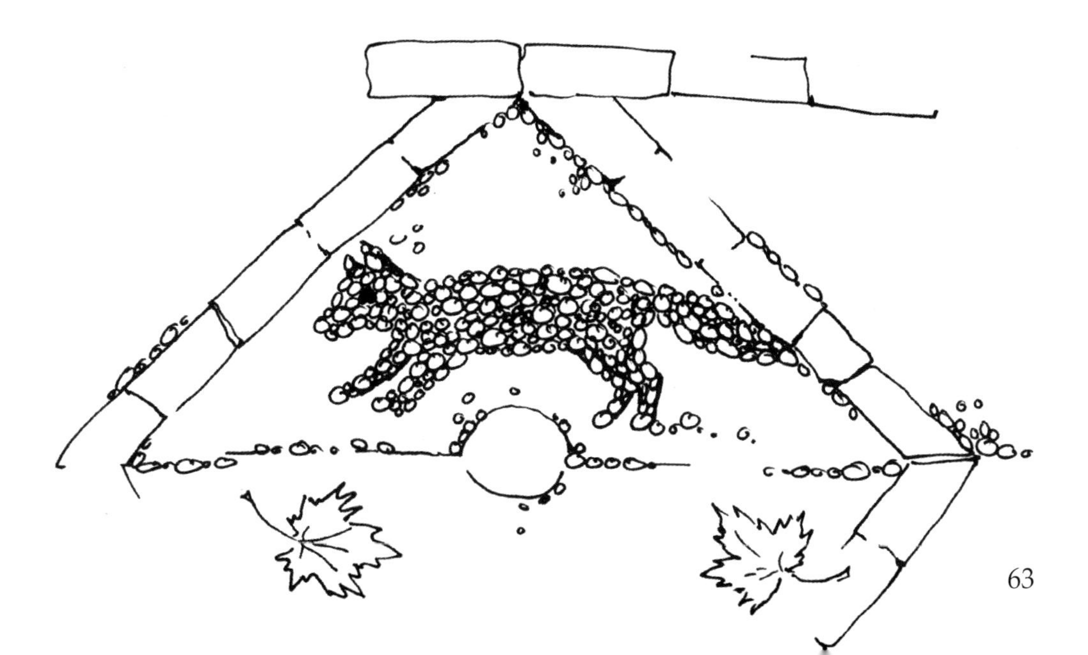

## Das Ende der Welt

Am Ende eines langen Laubenganges sieht man eine weite Flusslandschaft. Sind es die Rheinauen oder die Neckarauen? Traumhaft schön, zauberhaft! Es handelt sich um das sogenannte „Schwetzinger Perspektiv“, im Volksmund besser als „Das Ende der Welt“ bekannt. Herr Neumann und Eddy verstecken sich gerne hinter den Hecken und Mauern, um sprachlose und staunende Besucher zu beobachten. Sie lachen sich eins ins Fäustchen bzw. ins Gänsefüßchen! Eddy weiß natürlich mal wieder bestens Bescheid, wie es zu dieser magischen Atmosphäre gekommen ist.

„In Wirklichkeit“, erklärt Eddy sachkundig, „handelt es sich hierbei um eine idealisierte, gemalte Flusslandschaft, vielleicht die Rheinebene. Das phantasievolle Perspektivgemälde ist auf einer großen gewölbten Wand in bunten Pastellfarben gemalt und unter freiem Himmel aufgestellt. Man muss sich das einmal von draußen anschauen, da staunt man wirklich! Vor diesem großen Flussgemälde steht ein kleiner Pavillon, der praktisch nur einen kleinen Teil der Landschaft umrahmt. Die fleißigen Gärtner pflanzen vor diesem Pavillon immer verschiedene Farne. Wenn dann einmal ein kleiner Luftzug vorbeitanzt, bewegen sich diese Farne hin und her, auch die Efeuzweige, die von oben herunterhängen. Einige Besucher schütteln dann zweifelnd den Kopf und meinen, die Flusslandschaft könnte doch echt sein … „denn da hat sich doch etwas bewegt!“ Da zwischen dem gemalten Bild und dem davorstehenden zackigen Pavillon die Sonnenstrahlen hineinfallen können, verändert sich die Landschaft immer wieder während eines Tages. Manchmal sieht man sie voll im Schatten, dann wieder halb mit dem Licht der Sonne geschmückt, später vielleicht mit schattigen Tupfern auf sonnigem Hintergrund. Die sich dauernd ändernden Lichtverhältnisse geben der Flusslandschaft Leben und Magie. Wenn DAS das Ende der Welt sein sollte, dann haben wir ja nichts zu befürchten!

## „Die Lügenbrücke“

An dieser Stelle muss man sich im Schwetzinger Schlossgarten mal genau umschauen. Die Bepflanzung sieht ja hier ganz anders aus, als am Eingang des Schlossgartens. Das Kreisparterre vom Eingang bis zu den Hirschen ist ja im Stil des französischen barocken Gartens gestaltet, d.h. Blumen, Bäume und Sträucher sind alle symmetrisch angelegt, eine geometrische Ordnung war angesagt. Die Beherrschbarkeit der Natur war damals modern und das Versailler Schloss in der Nähe von Paris galt als Vorbild.

Wie das so ist mit der Mode, eine neue Richtung kam zum Zuge. Der Englische Landschaftsgarten war begehrt. Ausgesuchte Bäume und Sträucher wurden eingepflanzt, zum Teil beschriftet, nicht dschungelartig durcheinander. Der Natur ließ man ihren freien Lauf, sie sollte wachsen und gedeihen, wie es ihr gefiel, ohne kurz gestutzt zu werden.

Am Eingang zum Englischen Garten begrüßt uns eine bezaubernde kleine Brücke.
Wer kennt sie nicht, diese anmutige kleine Chinesische Bogenbrücke, im Volksmund „Die Lügebrückl“ genannt. Vor 250 Jahren wagte man es sogar dieses goldige Bauwerk „Rialto Brücke“ zu nennen, weil das Original in Venedig über den vielen Wasserstraßen eine große Attraktion darstellt. Dort ist sie aber fünfmal so groß! Hier in Schwetzingen klein, aber fein. Ein romantisches Motiv für Fotografen und auch ein beliebter Treffpunkt für Eddy und Herrn Neumann. Beide lieben sie sehr, aber herüber laufen, nein, das fällt ihnen zu schwer.

Es gibt viele unterschiedliche Geschichten über diese kleine Brücke. Eddy und seine Freunde kennen auch eine, und zwar folgende: Um den Bogen richtig schön hinzubekommen, hatten die Brückenbaumeister wohl vor vielen, vielen Jahren verschiedene Holzbretter, und Holzleisten unterschiedlicher Länge, Stärke und Breite zur Verfügung. Dabei wurde beim Bau die nächste Stufe immer etwas höher und versetzt angebracht als die vorige. Das hatte zur Folge, dass der eine oder andere

Mensch seine Schwierigkeiten hatte, die Brücke zu überqueren, ohne zu stolpern. Natürlich gibt es immer wieder so einen Neunmalklugen, der gerne angibt: „Ich bin aber nicht gestolpert!“, und der lügt. Deshalb der lustige Name: Die Lügenbrücke!

Herr Neumann steht mit Eddy zusammen an der Lügenbrücke. Beide schauen sich das bunte Treiben aller vorsichtig herüberlaufenden Besucher an. Ups, da ist schon wieder jemand gestolpert! Schwanenmamas schwimmen mit ihren Schwanenküken unter der Brücke den Kanal entlang. Unsere beiden schmunzeln und sagen sich: „Wir gehen da nicht rüber.“ Herrn Neumanns Beinen und Eddys Schwimmfüßchen zuliebe.

Auf dem Weg zurück zum Arboretum, zur berühmten Eddy-Bank, laufen beide schweigend nebeneinander und bewundern die Natur in vollen Zügen. Überwältigend! Und wie gepflegt alles ist! Der langbeinige Reiher, der eingebildete Kauz, äugelt zwar kurz mal in Richtung Eddy, aber Eddy nickt nur kühl zurück, denn mit den beiden Vögeln hat es schon früher mit einer Freundschaft nicht so gut geklappt. Heute hat Eddy ja Herrn Neumann! Diese beiden schauen mal nach rechts, dann mal nach links und … Eddy ist etwas aufgefallen. Zu Herrn Neumann heraufschauend geht er seinen Gedanken nach: „Es ist schon erstaunlich, dass kaum ***Müllbehälter*** bzw. ***Papierkörbe*** in diesem riesigen Park zu finden sind. Trotzdem ist alles picobello sauber. Vielleicht ist es auch gut so, dass nicht in jeder Ecke ein Behälter steht. Sonst würden viele ihren Plunder im Park zurücklassen, statt wie jetzt, diesen brav mit nach Hause zu nehmen. Es ist gar nicht so schwer, Menschen zu erziehen. Man muss es denen nur ordentlich und sinnvoll beibringen. Dann klappt das schon!“

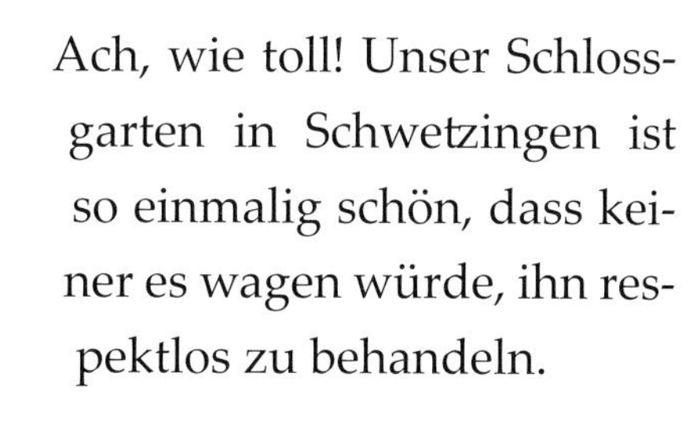

Ach, wie toll! Unser Schlossgarten in Schwetzingen ist so einmalig schön, dass keiner es wagen würde, ihn respektlos zu behandeln.

## Oh, diese Touristen!

Frau Kula ist eine ganz liebe, feine Dame, die oft Herrn Neumann bei seinen Spaziergängen durch den Schlossgarten begleitet. Man muss sich eine emotionale Unterhaltung gleichzeitig zu zweit und zu dritt einmal vorstellen:

Mit Freude und Begeisterung schildern Herr Neumann und Frau Kula weitere Höhepunkte eines ereignisreichen Gänselebens … Ach, der Eddy!

„Menschen aus aller Welt bestaunen Eddy. Diese unglaubliche Freundschaft zwischen einem Menschen und einer Gans hat sich natürlich herumgesprochen. Viele kommen, um sich zu vergewissern, dass es so etwas tatsächlich gibt. Da sind Chinesen, Koreaner, Inder – die Frauen im Sari, ja, die hat Eddy ganz besonders neugierig beschnuppert – Ungarn, Polen, Japaner und Thailänder, Kanadier, US-Amerikaner und Brasilianer, alle unterwegs, um Eddy persönlich kennenzulernen. Man kann sich kaum vorstellen, wie oft alle Fotos von uns machen. Lustig und

besonders interessant war es für Eddy und für uns, als die Studenten von der Universität Heidelberg eine Führung durch den Schlosspark hatten. Da standen immerhin 30 Studenten aus aller Herren Länder vor uns und zusätzlich noch mehrere Touristen um die Bank herum, und jeder hat fotografiert. Und wir zu Dritt auf unserem Stammplatz."

Frau Kula und Herr Neumann zwinkern schelmisch mit ihren lustigen Äuglein und fahren fort. Die Stimmen überschlagen sich vor Aufregung.

„Und manche konnten sich ein Lachen nicht verkneifen", lacht Herr Neumann selber laut und glücklich. „Eddy versuchte nämlich mit lautem Geschnatter, sich Gehör bei den Gästen zu verschaffen. Leider klappte das nicht immer. Er konnte ja kein Englisch, aber Deutsch, das konnte Eddy! Da ja fast alle Studenten aus Heidelberg der deutschen Sprache mächtig sind, war die Verständigung so einigermaßen gewährleistet. Und mit meinen Englischkenntnissen konnte ich bei Bedarf wichtige Themen für alle Parteien, Touristen, Besucher und Eddy, übersetzen.

Eddy war nun die glücklichste Gans auf Erden, geschwätzig, freundlich, guter Laune, und schnatterte jedem Besucher ein nettes Gänsewort entgegen.

## Die Moschee und der Merkur-Tempel

Eddy liebt diese abwechslungsreiche Gegend um Moschee und Merkur-Tempel herum. Da kann er sich nämlich so richtig austoben. Meistens geht er dahin, wenn Herr Neumann einmal andere Wege einschlägt. Und das ist auch gut so. Jeder Mensch ist ja ab und zu gerne mal alleine, nur mit sich selbst beschäftigt.

Wenn man anfänglich durch den schönen Türkischen Garten geht, steht auf einmal ein mächtiger pfirsichblütenfarbener Tempel vor uns – die Nachbildung einer Moschee. Wie aus den Märchen von Tausend-und-einer-Nacht in vollendeter Schönheit strahlt dieser imposante Bau uns entgegen und bietet uns dieses spannende Aha-Erlebnis im Bauch und

im Herzen. Ist dieser Anblick überwältigend! Eddy kriegt jedes Mal Gänsehaut vor Aufregung.

Der Innenhof ist richtig groß. Eddy schätzt, dass er fast einem Fußballfeld entsprechen könnte. Sehr gepflegt das Ganze! An den vier Winkeln der großen rechteckigen Rasenflächen stehen Eckpavillons mit mächtigen Kuppeln. Die Schieferdächer sind mit goldenen Kronen geschmückt. Überall glänzen Sonnen, Monde und Sterne, die in der Baukunst des Orients beliebte Ornamente waren.

Rundherum kann man durch die schönen Wandelgänge mit dunkelgrünem, kunstvollem Holzgitterwerk – eine handwerkliche Meisterleistung im 18. Jahrhundert! – spazieren gehen, und die mit vielen Monden und Sternen geschmückte Deckenmalerei bewundern.

Nachdem Eddy im Innenraum der Moschee die wunderschönen und tiefsinnigen Sprüche auf sich einwirken lässt, braucht er eine kleine Pause. „Kultur ist ja schön und gut, sehr wichtig, um die Welt zu verstehen, aber mein kleiner Gänsekörper braucht jetzt eine ordentliche Erfrischung und Bewegung", schnattert er raus in die frische Luft. Der schöne Weiher zwischen der Moschee und dem Merkur-Tempel bietet sich ja für eine schöne Schwimmstunde an. Gänse, Schwäne, Enten und anderes Federvieh tollen ebenfalls im kühlen Nass herum. Ein lautes Gezwitscher und Geschnatter!

Vom Wasser aus gesehen strahlt auf der einen Seite dieses imposante Hauptgebäude der Moschee mit großer Kuppel. Rechts und links davon erheben sich hohe elegante Minarette (126 Stufen!) wie zwei stramme Zinnsoldaten, die die gesamte Anlage überwachen.

Eddy wendet nun seinen Gänsehals in die gegenüberliegende Richtung und freut sich über den Anblick der Ruine des ***Merkur-Tempels***. Interessant ist doch die Tatsache, dass diese schöne alte Ruine schon immer eine Ruine war. Bereits im 18. Jahrhundert, als der Kurfürst Carl Theodor den großen Baumeistern Nicolas de Pigage und Friedrich Ludwig Sckell den

Auftrag erteilte, für 120.000 Gulden die Moschee zu errichten, wurde fast gleichzeitig auch der Merkur-Tempel als Ruine konzipiert und gebaut. Als Ruine also geboren, heute noch eine Ruine, und so soll es auch in Zukunft bleiben: Eine Ruine!

Im Winter, wenn es so richtig kalt ist, und der Weiher zugefroren ist, kann man Schlittschuh darauf fahren oder eine vergnügliche Schlittenfahrt unternehmen. Vom Merkur-Tempel aus sollte man unbedingt den Blick über den Weiher auf die Moschee richten. Wenn die nämlich von einem weißen Schneemantel umhüllt ist, bleibt einem die Gänsespucke weg. Und wenn dann noch die Sonne scheint, dann ist das ganze schöner als jedes Kalenderbild oder Postkarte! Traumhaft!

Die Baumeister des Kurfürsten haben tatsächlich vor 250 Jahren das Ufer des Weihers, genau gesagt, den Abstand zwischen Moschee und Wasser, so genau berechnet, dass die gesamte Moschee sich darin wiederspiegeln kann, wenn man vom Merkur-Tempel aus herüberschaut!

## Empfang und Verabschiedung einmalig, das gibt's nicht zweimal!!

„Also, Sie können es uns glauben", spricht Herr Neumann seine Gedanken aus, „wir haben uns manchmal schwer gewundert, wie das möglich ist, schwer gewundert ... Vor allen Dingen wie Eddy uns aus großer Entfernung erkannt hat. Wir selber haben den Kerl noch gar nicht gesehen, da hat er hinten schon geschrien, manchmal hinter der Mauer, dort hinter der großen Mauer am Leimbach, am Seiteneingang des Schwetzinger Schlossgartens."

Jeden Tag, und das seit vielen Jahren genießen Eddy, Herr Neumann und Frau Kula dasselbe Zeremoniell. Eddy erwartet seine Freunde am „Drei-Brückentor", am Maschinenweg. Herr Neumann und Frau Kula haben natürlich eine Jahreskarte – wie die meisten Bürger in Schwetzingen – und gehen damit routinemäßig durch die Drehtür. Eddy wartet bereits und freut sich wie ein Schneekönig. Aufgeregtes Flügelschlagen, lautes Geschnatter, Eddy strahlt und lacht über das ganze Gänsegesicht! Gegenseitiges Begrüßen, wie sich das bei gut erzogenen Lebewesen gehört. Gemeinsam laufen sie dann im Gänsemarsch, brav einer dem anderen hinterher. Eddy natürlich vorneweg, der sich immer wieder vergewissert, dass auch alle schön nachkommen.

Ab in das Arboretum! Jeden Tag und immer wieder, seit vielen Jahren dasselbe Programm. Alle Drei sind so etwas von standorttreu, das gibt es nicht ein zweites Mal. Die Großen nehmen wie immer auf derselben Bank Platz und der kleine Eddy macht es sich vor deren vier Füßen im Gras bequem.

Viel erzählen ist angesagt, man muss auf den neuesten Stand kommen. In der Tierwelt im großen Schlosspark passiert immer so einiges. Das Leben in der Stadt ist aber auch aufregend. In aller Ruhe erzählen die Freunde, wie es ihnen in den letzten 24 Stunden so ergangen ist. Einer hört dem anderen aufmerksam zu. Anschließend unternimmt man ge-

meinsam einen etwa einstündigen Spaziergang zu den vielen Sehenswürdigkeiten des Gartens.

Am Spätnachmittag laufen die drei Hübschen durch den englischen Garten am **Tempel der Botanik** vorbei. Dieser Rundbau sieht ja aus wie ein mächtiger Baumstamm! Gleich danach stehen alle vor einer malerischen, etwas verwilderten Ruine eines **Römischen Wasserkastells** mit **Aquädukten** aus Tuffstein, aus dem ein kleiner Wasserfall plätschert.

Nun geht es weiter – ein gemütlicher Spaziergang – durch das anmutige und liebliche Wiesentälchen in Richtung Ausgang „Drei-Brückentor". Eddy begleitet natürlich seine Familie bis zum Ende des gemeinsamen Weges. Der Abschied fällt Eddy immer wieder schwer. Ein herzliches, etwas wehmütiges „Tschüss, bis morgen!" wird ausgetauscht. Die Freunde verlassen durch die Drehtür den Schlossgarten.

Dann macht Eddy Krach.

Herr Neumann versucht, das ganze Theater bildlich darzustellen: „Da ist natürlich der Leimbach zwischen Schlossmauer und der Straße. Am Wassergraben gibt es dichtes Gebüsch. Ja, da zwängt er sich durch und geht dann auf dem Rand der Mauer aufgeregt hin und her." Frau Kula: „Es ist schon ein unglaubliches Bild, das sich uns und auch anderen Bewohnern der Nachbarschaft bietet. Wir laufen draußen auf dem Bürgersteig den Heimweg entlang und Eddy bewegt sich äußerst unruhig auf dem Sims der Mauer. Mit langgestrecktem Gänsehals schaut er uns nach. Dann fängt er an laut zu schreien, wie verrückt, bis er uns nicht mehr sieht. Oft werden wir von den Bewohnern der Nachbarschaft angesprochen, dass sie Eddy mal wieder gehört hätten und lachen herzlich über das alltägliche nette Theater. Das ist Eddy!"

Sein gesunder Gänseverstand sagt ihm sicherlich: „Bloß nicht nach außen auf die Straße fliegen, die vielen Autos und fremden Menschen sind mir nicht geheuer!" Allerdings von der Mauer aus ist er in seinem Abschiedseifer schon dreimal ins Wasser gefallen, aber Eddy hat einen sehr guten Orientierungssinn und schwimmt im Leimbach zurück in die richtige Richtung. Er findet immer wieder zu „seiner" Bank zurück.

## Freunde braucht man nicht zu suchen, sie finden sich

Sicherlich können sich einige das gute Verhältnis zwischen einem Tier und einem Menschen, in unserem Fall Eddy, die Gans und Herr Neumann, der Mensch, nicht so richtig vorstellen. Die beiden haben es wirklich geschafft, durch viel Liebe und Beständigkeit eine richtig dicke Freundschaft zu entwickeln und auch zu behalten.

Das Schöne an diesem Phänomen ist, dass jeder seine EIGENE, ganz PERSÖNLICHE Bindung zum anderen aufgebaut hat. Man musste sich ja erst einmal gegenseitig beschnuppern und herausfinden, ob man sich überhaupt sympathisch ist. So langsam nähert man sich heran, sehr behutsam. Danach muss man sich in den anderen „hineindenken" und „hineinfühlen". Als man sich dann sicher war, dass der eine zum anderen passt, beschloss man dieses schöne Gefühl zu pflegen, denn gute Pflege ist das „A" und „O" in jeder Beziehung bzw. in jeder Freundschaft. Und da haben Herr Neumann und Eddy alles richtig gemacht, von Anfang an. Schon wenige Tage nach ihrer ersten Begegnung im Schlossgarten wussten sie ganz genau: „Wir gehören zusammen!" „Ja, ja" schnatterte Eddy lautstark aus seinem langen Gänsehals und mit einem Lächeln auf seinem Schnabel: „Freunde kann man nicht kaufen, sie sind ein Geschenk des Himmels!" Beide lachten laut und herzlich über dieses große Glück!

Wer Eddy und Herrn Neumann einmal gesehen hat, vergisst die beiden nie wieder. Sie haben ein Plätzchen in vielen Herzen gefunden, sei es von Besuchern aus nah und fern, Einheimischen und Ausländern, Schlossführern, Gärtnern und Mitarbeitern der Schlossverwaltung, Wachpersonal des Schlosses, Anwohnern des Parks, Schulklassen, Kindern, Eltern, Omas und Opas, für alle ist der schöne Gedanke an Eddy und Herrn Neumann ein wahres Glücksgefühl. Die beiden sind vielleicht sogar ein Vorbild für viele Kinder und auch Erwachsene, und zwar in dem Sinne, dass man doch niemand alleine lassen kann, wenn sich jemand verlassen fühlt. Man hat die Pflicht auf andere zuzugehen, damit eine Gemeinschaft zustande kommt. Für einige Lebewesen, Mensch und Tier, ist es einfach furchtbar traurig, alleine durchs Leben zu gehen. Es lebt sich viel besser auf dieser Welt, wenn einer den anderen freundlich auffordert, miteinander ein Stückchen Lebensweg gemeinsam zu gehen. Und genau das haben Eddy und Herr Neumann getan!

Herr Neumann wird langsam immer älter, das tägliche Spazierengehen im Schlossgarten wird von Tag zu Tag schwieriger. Er würde ja liebend gerne noch so vieles seinem Freund Eddy „verzählen" (***Schwetzinger Menschendialekt***) und mit ihm zusammen erleben. Aber die Kräfte lassen nach ... Doch die Liebe zu seinem besten Freund Eddy bleibt für immer und ewig bestehen. Eine einmalige Freundschaft.

Da auch Eddy noch viele schöne Geschichten „verschnattern" (***Schwetzinger Gänsedialekt***) möchte und Herr Neumann und Frau Kula immer seltener kommen können, erwartet unser Eddy Euch alle im Schwetzinger Schlossgarten. Kommt einfach mal vorbei! Ordentliches Schuhwerk, gute Laune, laufen, lauschen, suchen und ... vielleicht auch FINDEN! Ja, Eddy, ist zwar immer noch ein bisschen schüchtern, aber er liebt die Menschen. Geht auf ihn zu! – Aber bitte nicht füttern!

„Liebe Kinder und liebe Erwachsene, alla Tschüss und macht's gut!" schnattert Eddy lautstark und liebevoll durch SEINEN Schlossgarten, „kommt mich einmal besuchen, vielleicht auf MEINER Bank im Arboretum!" Das wäre schön!

**Gerda Leuthardt**, geb. in São Paulo, Brasilien, lebt seit 25 Jahren mit ihrer Familie in Schwetzingen mit seinem bemerkenswert schönen Schlossgarten!

**Johanna Berking** studierte Kunst und Illustration in Brighton, arbeitet seit 1999 als freie Illustratorin und lebt mit ihrer Familie in Heidelberg.

Theo Kyrberg